思想的・睿智的・獨見的

經典名著文庫

學術評議

策劃　楊榮川

五南圖書出版公司 印行

經典名著文庫

學術評議者簡介（依姓氏筆畫排序）

- 丘為君　美國俄亥俄州立大學歷史研究所博士
- 吳惠林　美國芝加哥大學經濟系訪問研究、臺灣大學經濟系博士
- 宋鎮照　美國佛羅里達大學社會學博士
- 林玉体　美國愛荷華大學哲學博士
- 邱燮友　國立臺灣師範大學國文研究所文學碩士
- 洪漢鼎　德國杜塞爾多夫大學榮譽博士
- 孫效智　德國慕尼黑哲學院哲學博士
- 秦夢群　美國麥迪遜威斯康辛大學博士
- 高明士　日本東京大學歷史學博士
- 高宣揚　巴黎第一大學哲學系博士
- 張光宇　美國加州大學柏克萊校區語言學博士
- 張炳陽　國立臺灣大學哲學研究所博士
- 陳秀蓉　國立臺灣大學理學院心理學研究所臨床心理學組博士
- 陳思賢　美國約翰霍普金斯大學政治學博士
- 陳清秀　美國喬治城大學訪問研究、臺灣大學法學博士
- 陳鼓應　國立臺灣大學哲學研究所
- 曾永義　國家文學博士、中央研究院院士
- 黃光國　美國夏威夷大學社會心理學博士
- 黃光雄　國家教育學博士
- 黃昆輝　美國北科羅拉多州立大學博士
- 黃政傑　美國麥迪遜威斯康辛大學博士
- 楊維哲　美國普林斯頓大學數學博士
- 葉海煙　私立輔仁大學哲學研究所博士
- 葉國良　國立臺灣大學中文所博士
- 廖達琪　美國密西根大學政治學博士
- 劉滄龍　德國柏林洪堡大學哲學博士
- 黎建球　私立輔仁大學哲學研究所博士
- 盧美貴　國立臺灣師範大學教育學博士
- 薛化元　國立臺灣大學歷史學系博士
- 謝宗林　美國聖路易華盛頓大學經濟研究所博士候選人
- 簡成熙　國立高雄師範大學教育研究所博士
- 顏厥安　德國慕尼黑大學法學博士

經典名著文庫182

兒童教育原理

On Education: Especially In Early Childhood

伯特蘭・羅素 著
(Bertrand Russell)
謝曼、周意彪 譯
洪福財 審定/導讀

經典永恆・名著常在

五十週年的獻禮・「經典名著文庫」出版緣起

總策劃 楊榮川

五南，五十年了。半個世紀，人生旅程的一大半，我們走過來了。不敢說有多大成就，至少沒有凋零。

五南忝為學術出版的一員，在大專教材、學術專著、知識讀本出版已逾壹萬參仟種之後，面對著當今圖書界媚俗的追逐、淺碟化的內容以及碎片化的資訊圖景當中，我們思索著：邁向百年的未來歷程裡，我們能為知識界、文化學術界做些什麼？在速食文化的生態下，有什麼值得讓人雋永品味的？

歷代經典・當今名著，經過時間的洗禮，千錘百鍊，流傳至今，光芒耀人；不僅使我們能領悟前人的智慧，同時也增深加廣我們思考的深度與視野。十九世紀唯意志論開創者叔本華，在其〈論閱讀和書籍〉文中指出：「對任何時代所謂的暢銷書要持謹慎的態度。」他覺得讀書應該精挑細選，把時間用來閱讀那些「古今中外的偉大人物的著作」，閱讀那些「站在人類之巔的著作及享受不朽聲譽的人們的作品」。閱讀就要「讀原著」，是他的體悟。他甚至認為，閱讀經典原著，勝過於親炙教誨。他說：

「一個人的著作是這個人的思想菁華。所以，儘管一個人具有偉大的思想能力，但閱讀這個人的著作總會比與這個人的交往獲得更多的內容。就最重要的方面而言，閱讀這些著作的確可以取代，甚至遠遠超過與這個人的近身交往。」

爲什麼？原因正在於這些著作正是他思想的完整呈現，是他所有的思考、研究和學習的結果；而與這個人的交往卻是片斷的、支離的、隨機的。何況，想與之交談，如今時空，只能徒呼負負，空留神往而已。

三十歲就當芝加哥大學校長、四十六歲榮任名譽校長的赫欽斯（Robert M. Hutchins, 1899-1977），是力倡人文教育的大師。「教育要教眞理」，是其名言，強調「經典就是人文教育最佳的方式」。他認爲：

「西方學術思想傳遞下來的永恆學識，即那些不因時代變遷而有所減損其價值的古代經典及現代名著，乃是眞正的文化菁華所在。」

這些經典在一定程度上代表西方文明發展的軌跡，故而他爲大學擬訂了從柏拉圖的《理想國》，以至愛因斯坦的《相對論》，構成著名的「大學百本經典名著課程」。成爲大學通識教育課程的典範。

歷代經典．當今名著，超越了時空，價值永恆。五南跟業界一樣，過去已偶有引進，但都未系統化的完整舖陳。我們決心投入巨資，有計劃的系統梳選，成立「經典名著文庫」，希望收入古今中外思想性的、充滿睿智與獨見的經典、名著，包括：

- 歷經千百年的時間洗禮，依然耀明的著作。遠溯二千三百年前，亞里斯多德的《尼各馬科倫理學》、柏拉圖的《理想國》，還有奧古斯丁的《懺悔錄》。
- 聲震寰宇、澤流遐裔的著作。西方哲學不用說，東方哲學中，我國的孔孟、老莊哲學，古印度毗耶娑（Vyāsa）的《薄伽梵歌》、日本鈴木大拙的《禪與心理分析》，都不缺漏。
- 成就一家之言，獨領風騷之名著。諸如伽森狄（Pierre Gassendi）與笛卡兒論戰的《對笛卡兒沉思錄的詰難》、達爾文（Darwin）的《物種起源》、米塞斯（Mises）的《人的行爲》，以至當今印度獲得諾貝爾經濟學獎阿馬蒂亞．

森（Amartya Sen）的《貧困與饑荒》，及法國當代的哲學家及漢學家余蓮（François Jullien）的《功效論》。

梳選的書目已超過七百種，初期計劃首爲三百種。先從思想性的經典開始，漸次及於專業性的論著。「江山代有才人出，各領風騷數百年」，這是一項理想性的、永續性的巨大出版工程。不在意讀者的眾寡，只考慮它的學術價值，力求完整展現先哲思想的軌跡。雖然不符合商業經營模式的考量，但只要能爲知識界開啓一片智慧之窗，營造一座百花綻放的世界文明公園，任君遨遊、取菁吸蜜、嘉惠學子，於願足矣！

最後，要感謝學界的支持與熱心參與。擔任「學術評議」的專家，義務的提供建言；各書「導讀」的撰寫者，不計代價地導引讀者進入堂奧；而著譯者日以繼夜，伏案疾書，更是辛苦，感謝你們。也期待熱心文化傳承的智者參與耕耘，共同經營這座「世界文明公園」。如能得到廣大讀者的共鳴與滋潤，那麼經典永恆，名著常在。就不是夢想了！

二〇一七年八月一日　於

五南圖書出版公司

導讀　以科學知識作爲促進兒童品性發展的根基

國立臺北教育大學教育經營與管理學系教授　洪福財

二十世紀初的中國，正式從結束帝制裡尋找重生之路。民國初建，有關政體改變、社會改進、教育變革等，無不是知識分子極力追尋的改革議題；中國一方面想終結外國勢力或帝國主義的在華特權，另方面也企圖引進西方文明以協助中國轉變成現代化的國家，前述想法也成爲新文化運動與五四運動等的訴求基調。爲了引進西方的文明與先進，教育成爲各方關注與期盼之所在；彼時除大量引進西方的學術著作與相關新知外，送出的海外留學生陸續返國後，逐漸成爲社會或教育界的菁英或領導人物，除了致力社會與教育等革新外，也利用人脈邀請各方大家到訪中國，期待透過大師親臨宣講並對當時中國教育狀況進行即時的問題診斷，加速革新的步調並穩固變革的方向。

民初中國在知識分子的促成下，杜威（John Dewey, 1859-1952）與羅素（Bertrand Arthur William Russell, 1872-1970）等享譽世界的哲學大家分別在一九一九年與一九二〇年先後獲邀至中國講學，這兩位被當時中國知識界稱爲西方「德先生」和「賽先生」的化身，還曾被譽爲「西方孔子」或「孔子第二」。杜威推廣實用主義與進步主義所扮演的重要角色及其對當代教育產生的影響，無須贅言；他到中國正值新文化運動如火如荼之際，被譽爲「美國教育大家」、「世界思想領袖」的教育名家應邀到中國講學，當然學術界的一大盛事；兩年多的講學期間，他的足跡遍及中國南北包含有直隸、山東、湖北、廣東等十餘省，在各地產生了巨大的影響。

羅素在數學、哲學、歷史學和邏輯學等領域的著名成就，以及對當代數學、哲學等領域的傑出貢獻，學術地位與杜威相較毫不遜色。他曾受邀成爲北京大學的訪問學者，一九二〇年十月十二日抵達上海後迄次年離開中國之前，十個月左右的時間裡發表了六十三場公開演講，也藉此遊歷了大半個中國；這些親身的觀察與遊歷，成爲他體會中國問題的重要來源。回到英國之後，他陸續在各大報紙發表有關中國的見聞與感想，並於一九二二年出版專著《中國問題》，系統地闡述了他對中國的見解。他意識到昔以閉關鎖國政策爲主的中國，面對西方文明衝擊下，顯現出選擇發展方向的困境；雖然西方文明像是對中國發展展示了一盞明燈，他則是明確地指出中國倘使選擇完全屈從於西方文明，將會是人類文明發展史上的一大悲哀。

親身體驗中國社會文化並進而提出中國問題與發展的見解與批判，其實與羅素積極關注與參與各項社會運動的態度相互呼應。他曾參與提倡女子投票權、自由主義、和平主義等社會運動，先後出訪中、俄等國並以對國際政治發表重要評論而聞名。其中令人印象深刻的，是他曾在第一次世界大戰期間因爲反戰而受到英國社會排擠，甚至因而失去劍橋三一學院（Trinity College, Cambridge）的教職；第二次世界大戰期間，則是意識到納粹和法西斯對人類帶來的危機轉而支持英國作戰；晚年則倡議和平主義而極力反對越南戰爭和核武製造，其中在一九五五年時值冷戰中期，由他起草與愛因斯坦（A. Einstein）等十一名人科學家共同簽署的《羅素—愛因斯坦宣言》（*Russell–Einstein Manifesto*），便是呼籲各國領導人放棄製造核子武器並尋求和平解決國際衝突，廣獲國際重視。終其一生，都展現著對社會與政治運動參與的熱衷。

羅素畢生計有四十餘部著作，涉及領域涵蓋了哲學、數學、科學、倫理學、社會學、教育學、歷史學、宗教以及政治學等，一九五〇年曾以發表諸多擁護人道主義理想、以及思想自由多元且富重要性的作品，獲頒諾貝爾文學獎；直到今日，各國學界研究他的思想或專著的追隨著仍相當多。他的著名作品諸如：《數學原理》（*Principia Mathematica*, 1910-1913）、《哲學的問題》（*The Problems of Philosophy*, 1911）、《心靈的分析》（*The Analysis of Mind*, 1921）、《論教育——聚焦於兒童時期》（*On Education: Especially In Early Childhood*, 1926）、《征服幸福》（*The Conquest of Happiness*, 1930）、《教育與社會秩序》（*Education and Social Order*, 1932）、《西洋哲學史》（*The History of Western Philosophy*, 1945）、《人類有未來嗎?》（*Has Man a Future*, 1961）等，都曾被翻譯成多國語言而廣受注目。他在作品與公開發表言論相當豐富，之後也有研究者系統地彙整他曾發表的重要言論或作品並集結成書，如《羅素語錄》（*Bertrand Russell Quotes*

366, 2015）、《羅素文選》（*The Bertrand Russell Collection*, 2018）等。

由於曾親自經歷了兩次世界大戰，羅素見證到戰爭對人類的危害，也體會到貪婪者企圖藉由戰爭滿足私欲的野心。歸咎人類啟動戰爭的原因，他直指源自於教養不當；因此，透過啟蒙教育來培育人的品性與理性，便是相當迫切且重要的工作。他對於品性的討論與重視著力甚身，緣於品性攸關倫理學、宗教、社會發展、以及政治等各個領域的討論，是以訂出適當方法或策略以促成良好的品性發展，則是教育工作必須加以慎思的環節。至於何以關注於品性的提倡與討論？或許是由於他廣泛地涉獵不同領域探討所領會而得，回探本體論的角度爲這個重要議題訂出基調，並做爲開展後續教育作爲的基礎。關於人的品性，在《羅素語錄》有相當篇幅的描述，例如：

「在世界上一切道德品質之中，善良的本性是最需要的。」

「必要的道德教育最好在嬰兒出生的那一瞬間就開始，因爲這樣開始就不會因太多的期望而失望。」

「作爲一個人，對父母要尊敬，對子女要慈愛，對窮親戚要慷慨，對一切人要有禮貌。」

「偉大的事業是根源於堅韌不斷地工作，以全副精神去從事，不避艱苦。」

「使人生愉快的必要條件是智慧，而智慧可經由教育而獲得。」

「恐懼是迷信的主要溫床，也是殘忍的主要溫床。征服恐懼是智慧的開端。」

羅素認爲，人之所以會造成不幸人生，係因爲過度關注自我，缺乏愛人愛己的胸懷，以及由於無知所產成的各種恐懼而來。是以，他認爲「美好人生是爲愛所喚起，並爲知識所引導」，用「愛」與「知識」兩大要素作爲引領，是避免人生淪爲不幸、進而邁向美好人生的關鍵力量。以愛爲起點的善良本性是道德品質的最重要基石，但維持良好道德品質仰賴於教育這種道德教育工作則必須從嬰兒出生就開始且持續不斷。他透過本體論的體察，以偏向性善論的角度輔以教育協助品性的完滿開展，成爲他的教育立論之主要思路，如此將攸關「人將如何透過教育而獲得改變？」、「這些改變有何有效的途徑？」、「良善之人將如何影響社區或社會環境？」……等重要問題，進而抽繹出一條可行的教育脈絡。關於培養兒童良善品性一事，將不僅是學校教育的重要課題，更是家庭教育也要積極關注與協助落實的一環。

教育的目的，不在於讓所有人都學習到相同的內容、表現出相同的結果、甚至形成相同的思想。教育的對象是人，人生而存在個別差異，接受教育之後自然有其不同的發展與表現；但教育工作是要能體認到人類所普遍具有的良好品性，進而透過教育方法以協助這些品性得以順利的開展。羅素指出：「爲了保證最大程度的自由，必須通過教育來塑造人的品性」；教育的目的在培養出良善的人與社會，使人透過適應環境、甚至超越環境以獲得自由的人生。他認為，透過教育可以協助兒童擁有的理想品性主要有四，分述如下：

一、活力（vitality）：活力不僅是生理特徵，還代表著心理狀態，可以從健康的體魄和積極的生活態度表現出來。活力有助於感受到生命的喜悅，可以讓個人將專注力轉移到外在環境，進而對外在事物產生興趣，使人變得客觀積極，養成努力對待生活與學習的習性。

二、勇氣（courage）：勇氣是個體內心澈底消除恐懼心理，而不是表面上的勇敢，唯有除去恐懼方能培養勇氣。如果心靈和行為都能獲得自由，在知識的協助下就可以協助個人剷除恐懼，進而培養自尊心並達成愛己愛人的表現，培養出具備正向積極勇敢的自由人。

三、感受性（sensitiveness）：感受性在某種意義上是對勇氣的矯正，讓人可以感知道外界的反應或危險，具有免於個人流於匹夫之勇而成的弊端。此品性是偏向情緒層面的，要使個人能對正確事物感受到愉悅並學習抑制貪婪的衝動，進而產生同理心並能逐步使用認知進行判斷。

四、智慧（intelligence）：獲得知識是涵養智慧的根基，好奇心則是獲得的重要起點。教育可以培養獲得實際的認知知識與對於知識的接受能力，前者所獲得的是資訊，後者則是使人獲得知識並做出正常判斷的思維習慣，便是所稱的智慧。唯有以好奇心加上思維的習慣，才能帶領個人廣泛且持久地求知。

關於教育方法的討論，受益者不僅只是學校，當然還包含家長。誠如羅素在本書序言提到：

世界上一定有許多父母，像本文作者一樣地有年幼的孩子，他們渴望盡可能地教育子女，但不願暴露於大多數現有教育機構的弊端；這種父母的困難不是孤立個體的任何努力就能解決的。……因此，教育改革的事業被強加給有責任心的父母，不僅是爲了社區的利益，也是爲了他們自己孩子的利益。

二十世紀初期學校的專業性或許不比今日，西方國家在當時以家庭女教師或聘請家教教孩子讀書識字仍相當普遍，但家長對子女教育的關切，則是毫無二致的。縱使學校的教育品質令人心安，初生幼兒總要經歷相當時間的家庭教育才轉換到學校教育，如果家長可以獲得適切的資訊以釐清育兒的理念與方法，自當更顯重要。羅素把教育方法的論述擴及家庭，實有其依據。

本書是羅素僅有的教育專著，雖以「論教育」作爲書名的主標題，但有關品性及其教育方法，則是貫穿全書的主軸；其中，又以「特別著重於兒童階段」爲副標，更顯示他追求教育應「慎始」的關切。本書譯自一九二六年出版的"*On Education: Especially In Early Childhood*"一書（譯名爲《兒童教育原理》），是他在年輕時所出版的著作，他先構築宏觀的教育目的，進一步擇定教育對象與議題逐步開展出適切的教育方法；從書中可見他在此際便立下提升品性之教育目的，從人類初生開始，逐步定下不同人生階段的教育重點與方法，有系統地論述教育的功能與兒童的成長，一如他理性且嚴謹的思維習性。本書出版後，陸續獲得翻譯成各國語言，散布之廣可見一斑。

二十世紀初正值科學心理學輝煌發展時期，相對於教育學發展尚未能平穩地邁出科學化步伐之際，科學心理學的研究成果不僅滋養了教育學基礎內涵，也令人對教育方法產生了相當豐富的想像；羅素一方面源於對科學的信仰與鑽研，另方面在撰寫本書的時間正親身見證現代心理學的逐步興起，在內容中不斷地提及現代心理學的研究成果以爲佐證，也成爲本書的一項特色。重溫百年經典，現在讀來依舊雋永；無論教育工作者與家長，相信都能從中獲益。

目次

導讀……1
緒論……1
第一篇　教育的理想……5
第一章　近代的教育理論……7
第二章　教育的目的……25
第二篇　品性教育……47
第三章　一歲兒童……49
第四章　恐懼……57
第五章　遊戲和想像……71
第六章　建設……79

第七章　自私……87
第八章　誠實……93
第九章　懲罰……99
第十章　兒童友伴的重要……107
第十一章　愛與同情……113
第十二章　性教育……127
第十三章　幼兒園……135
第三篇　知識教育……145
第十四章　一般原則……147
第十五章　十四歲以前的課程……159
第十六章　最後的學年……169
第十七章　日間學校與寄宿學校……175
第十八章　大學……183

結論……193
羅素年表……197
索引……205

緒論

現代的父母，莫不日夜孜孜的替子女們謀完善之教育。同時，他們顧慮到現存教育制度的缺陷，而不願子女們去接觸、染習那些弊害。但是父母們對於這種困難，無論是多麼的努力，終得不到良好的解決。雖然由家庭教師去擔負教導兒童們的責任亦無不可，但使天眞的兒童離群索居，失去朋友而孤獨無伴，卻又極端的違反兒童的天性，也失去了教育的本質；剝奪兒童的天性，必影響到其他部分的發展，更不會獲得圓滿的結果。因比，一般賢良的父母們，雖然明明知道現存學校的缺點，可是仍不得不將子女送到他們不滿意的學校裡去。因此，賢良的父母們，不僅爲了社會的幸福，並且爲了子女前途的幸福，應當將教育之改革視爲必要而急迫的事業。

資產階級的父母，爲解決自身的問題，固然可以不謀學校之完善，而以其一己之力謀其相近學校的完善爲已足；但站在勞動階級的父母立場著想，卻非圖謀改善所有的學校不可。因爲所有的父母們對其子女的計畫各有不同，所以不免發生許多見解的糾紛。關於這一點，除了圖謀教育本身的改革使成爲完善之外，沒有其他的方法。但是成效如何，卻必須等待改革者的子女們成長後才能知道。因此，我們從父母對於子女的感情出發，不得不正視政治與哲學領域的逐步影響。

對於這個擴大的領域，我想在本書中儘量保持超然的態度。我盡可能將不以對於現代主要戰爭所執持的見解爲依據；但要做到完全的獨立，卻也不大可能。我們對於兒女教育的期望，有賴我們關於人類品性的理想，以及我們對於子女將來在社會上擔任何種角色的期望。如一個和平主義者，自然不希望他的子女受軍國主義者所認爲良好的教育；共產主義者自然不希望他的子女染習個人主義。此外，有的教育者認爲教育應該灌輸子女一定的信仰，有的認爲教育應當養成子女的自由判斷力，前述觀點的差異終難改移。其他對於心理學及教學法特具見解者，卻完全不顧到這類根本的問題，只求教育的實用；雖然教育觀已經發生了相當重要的效果，但要追求觀點的完滿成熟，卻距離尚遠。許多學者主張人生最初五年間的生活非常重要，父母教育的責任也因之而增加，自是眞確的論斷。但我的目的，總想避免突顯彼此間觀點差異而構成論爭性質的問題。觀點的論戰在有些地方是不可少的，但當向父母們發言時，我們須假定所有的父母都希望子女能生活得幸福；而這種要求，和近代的知識相聯繫起來，便足以決定很多的教育問題。所以我所要說的，都是關於子女教育成果，力求其切近而不流於空虛，不論一般父母是贊成或反對，我願本書能給他們相當的助益。父母們的意見是至關重要的，但因缺乏經驗的緣故，有些意見往往成爲良好教育的障礙。如果父母希望子女受到良好的教育，我相信不缺少具有給予這種教育的意志與能力的好教師。

本書中分成幾個部分加以論述：第一是教育的目的，即是哪一種個人及社會是我們所希望看見，藉由兒童的本質施以適當的教育方可產生。我不重視人類基因改造的問題，不管是用優生學或其他任何自然的或人爲的方法，在本質上是超出教育問題的範圍之外的。但我始終承認現代心理上的發現有莫大的價値，這種發現表示著一個傾向：品性是決定於幼年的教育，其理論比過去幾代熱心的教育家所設想的來得充分。我把教育分爲品性教育和知識教育，而知識教育在嚴格的意味上可稱爲教導教育。這種區別雖非絕對但便利，因爲許多美德爲求知識所不可少，而許多知識爲求美德所不可少。只是爲了便於討論，不得不把兩者分離。在這裡我先說美德方面的教育，因爲這在幼年時代特別重要。其次敘述性器期（三—五歲）以至性教育的問題。最後論及知識教育，關於目的、課程，從最初的讀寫開始論述到大學時代爲止。有關人從人生及世界能學得更高一層的教育，是在我的論旨之外；但使人具有從經驗中學習的能力，必須從幼年時期開始，應該是教育工作者該保持的主要目的之一。

第一篇 教育的理想

第一章　近代的教育理論

我們將前人關於教育最精良的著述與近代的教育理論相比較，前人所述終不及近代教育家理論的寬宏遠大。以十九世紀前的教育革命家洛克（Locke）與盧梭（Rousseau）兩人而論，他們雖然匡正當時教育的缺陷，趨於自由主義與民主主義，可是他們議論的出發點，以及他們畢生精力所孜孜不倦的，不外乎為貴族階級的兒童。雖然他們所主張的制度及結果，或者是完善而無瑕疵，但是以一個教師終日孜孜教育一個兒童，在當前的社會勢所不能。所以他們主張的制度即使毫無缺點，亦不過為偶然可以施行於某一階級的社會，如果搬到公平的世界裡，便沒有存在的餘地，至於施行結果也當然不必去追問了。

現今一般的人們，多是要求為其子女謀實際上的特別利益，但對於教育理論問題，除了一些有利於全體的方法之途徑外，並沒有得到完全的解決。我們所應該主張的教育制度，乃在於使孩子將來都能得到最好的機會，這種理想的教育制度，縱使不能在當今發現，但是以民主主義為依歸乃是必然的，有這種見解的教育者，絕不只我一人。我的主張並不是讓得到良好機會的個人犧牲其子女以順從公眾，但教育制度要完全以普及為主。這種民主主義在形式上固然是非常淺薄，可是在洛克或盧梭的著述中，我們卻無從尋找。盧梭雖然是一個反對貴族者，但從沒有把他的信仰應用於教育的領域。

我們須明瞭民主主義與教育之關係，如果勉強把它劃為一類，當然是執之不通且為害深遠；因為兒童的天性不同、智愚不同，所以對於教育上的淺近高深也會各異。教師的才能學識能出類拔萃者並不多見，如果聚集形形色色的兒童於一堂，由少數良好的教師去教育，在實際上亦所不能。如果不問事理、不依情勢而強行民主教育，結果必致無一人可獲其利益。即使此種主張見諸採行，萬一因此嚴重妨礙科學的進步，今後的百年，教育的一般標準程度必因之而日益低落。因此我們站在今日的立場談教育，絕不可因僵化的平等而犧牲了進步，必須慢慢加以思考，以免因社會不平等破壞其他有價值的事物，以求達到教育之民主。

教育的方法如果不能以普及爲原則，便不足以自滿，也不能自信教育者的責任已完成。資產階級的子女，除慈母之外，有保母以及僕人勤懇的照護，這種照護雖然有呵護備至的效果，可是這種事實無論施行於任何社會制度，都只不過限於極少數的分子，而不能普及於全體。而且像資產階級那樣對於子女過度的愛護，從反面看便發現有許多教養失當之處，是否能有良好的結果，的確是個很大的疑問。我們立於公平的地位，除了對於精神衰弱與腦力不強的例外，都不應主張特權爲任何少數人所專有，今日的父母只要是他們能力所及，必定是專心致力的替他們的子女選擇良好的教育方法，以盡其父母的責任；但是所選擇的方法，必須求其能公諸於世，一旦獲得良好的結果，即可推行到全體。不然，只是限於少數有特別權力的人，雖是有良好的結果亦無足取。我們綜覽今日教育學理之最完善者，多起源於極端的民主主義，例如：蒙特梭利夫人（Madame Montessori）的事業，即起源於貧民窟的保育學校（Nursery School）。至於高等教育，除了是提供高材生特別的機會之外，也應力求其普及於全體，而不可參雜一些歧視。

現今的教育，尚有一種與民主主義相關聯的新趨勢，關於這個趨勢的議論仍莫衷一是，便是使教育近於適用而不流於裝飾的問題。貴族階級以教育爲裝飾品，在范伯倫（Veblen）的「有閒階級論」（The Theory of the Leisure Class）中言之頗詳。關於男子教育，則有「古文教育」和「新式教育」的爭論；關於女子教育，則有「養成賢妻良母」和「訓練獨立生活能力」的爭議。對於教育的對象而言，也有不少人在高唱著男女平等問題。他們所持之平等，在於使女子與男子受同樣的教育，而不管男子之所需對於女子是否有益，導致所得的知識而無所運用者很多，同時給予女子所必需的賢母教育卻又相反。種種混亂的潮流成爲趨勢，其有關於女子者，雖然「賢淑婦人」（Fine lady）的觀念已經漸漸式微，但謂對於其他方面一無影響，我們卻沒有肯定的意見來作佐證。現在爲避免混亂起見，先論男子教育。

問題產生出爭論，因爭論而又產生出問題，這是理所當然的。現今的教育問題，例如對於兒童的學問，究竟是應重古文學還是科學？職業教育的專門教授，是不是應該愈早愈好？關於兒童的發音應使其正確且有愉快的態度，是不是應該完全視爲貴族階級的遺意而不足道？鑑賞美術是不是除了美術家鑑賞外便一無價值可言？綴字是否應該根據音律？諸如此類的問題，都是爭論者以「有用」與「裝飾」相標榜而各執一詞的目標。

諸如前述的一切爭論，我們都應該視爲無眞確的價值，只是無謂的紛擾罷了。如果對於這兩個名稱研究清楚，所有爭論的問題便完全煙消雲散。當我們把「有用」作廣義的解釋，把「裝飾」作狹義的解釋，它的意義是互相包含；例如一種「活動」（activity），當其有良好的結果時，廣義最正確的意義解釋說是「有用」。如果結果不僅達到「有用」的程度，進而可以達到良善之境地。有用的活動，不能就說是有「有用」的結果；而所謂「有用」的本質，則在於所貢獻的結果，可是結果卻不僅以「有用」爲止境。所以有的「結果」綿延甚長，方始達到最終的結果，即所謂「良善」。如耕田使土鬆軟，固然是「有用」，但不能稱爲「良善」，除此「有用」之程度外，尚有輔助播種的「良善」之結果。播種生出五穀爲有用，生五穀以製麵包爲有用，製造麵包以供養人的生命爲有用。每一生命必須具備其固有的價值，不然只是其他生命的有用，其本身便毫無有用可言。可是人的生命因爲環境的不同，產生出所謂「善惡」的差異。假使爲善的目的只在於「有用」，而不在於「良善」，那麼爲惡的結果，其本身也有它「有用」的價值，爲善與爲惡便無甚區別。所以爲善之結果不但在於「有用」，並致力求「良善」之普遍性的綿延。由此，教育是否是爲了「有用」這個問題，自然是很明顯了。教育是達到目的的方法，他的本身並不是目的，但是並不盡如「實利教育」者的想像，實利教育者所言所行者是教育的結果應爲「有用」，意謂凡是受過教育的人都該知道製造機械，我們如果問他們機械究竟做什麼用處，他們一定說是能生產衣食住以供人類的需要。因此可知主張「實利說」的教育者固有之價值只在於物質條件的滿足，而他們所堅持著的「有用」，只是爲了幫助人類得到物質條件的需要。對於這一點，我們如果以最後的哲理的觀點去批判，那實在是謬誤到極點。

再從另一面而言，所謂「裝飾」，由於主張實利者的觀點，這名稱尚無不當，因為「裝飾」的意義，都認為含有瑣碎不足輕重的意味。裝飾之名如果加在紳士和貴婦身上，可謂名實相稱。例如十八世紀的紳士，言辭中有優美的聲調，並且有時引經據典，以表示他學識的淵博，服裝裝飾物力求入時，對於一切細微的禮節儀式，沒有一樣不洞悉周全。如此，他們的教育可以說是狹義的裝飾，徒增浪費，自然不是現在人們所希望的。所以，所謂裝飾教育以古典去解釋，可以名之為「貴族教育」，在這教育領域內，是雄於勢力的資產階級，是不知食由何而生、衣由何而來的一層。這已成為歷史上的陳跡，自然不是我們教育者對於子孫們應持之希望。今日絕不會再有這種堅持著狹義的裝飾主義者的存在了。

教育的目的到底是僅僅在於灌輸直接有實利的知識呢？還是更須予以精神上的陶冶而利益其本身呢？這是我們所應當詳細加以探討的關鍵。我們知道十二吋是一呎，三呎是一碼，這固然是有用，但是這種知識並沒有固有的價值。如果用之於採行公尺（meter）制度，便沒有一絲一毫的價值可言。有些知識雖非日常生活所必需，可是具備了那種知識便足以使自身愉快，且足以造成高尚的人格，缺乏了那種知識便發生內心的變化。所以希望有這種知識的人，自然認為教育的目的不僅僅在於實利了。

實利教育派與反對者間互相爭論點有下述三項：

第一，是貴族階級與民主主義的爭論。貴族們的主張認為特權階級應教以如何利用閒暇以享受娛樂，對於其下的階級則須教以如何運用他們的勞力以供給他人。民主主義者竭力反對，他們的立場或有其價值，但是他們的言論卻近於矛盾，因爲他們既不願貴族爲無用之教學，又不願工人的教育僅限於「有用」。因此民主主義者一面反對公立學校的古文教育，而同時又要求工人應有學習拉丁文與希臘文的機會。不過他們的主張，大體而言很能合於事實，但如果從其理論而言，卻區分不明。民主主義者因爲主張不希望社會有階級的不平等，和存在「有用」與「裝飾」的教育之差別，所以對於所謂「裝飾階級」者欲使之多得「有用」的知識，對於所謂「有用階級」者主張增加「娛樂」的知識，目的在於使兩者調和，打成一片，求社會階級的消滅而相融合。

第二，是「追求物質良善爲目的」與「以精神愉快爲前題」的爭論。今日歐美的豪富階級，雖然能把他們的生活回復到伊莉莎白女王時代的生活形式，彷彿和莎士比亞（Shakespeare）、雷利（Raleigh）及菲利普・西德尼（Philip Sydney）相處，有輝煌的金屋，以及山珍海味，但亦不足以滿足他們的欲望或安閒他們的精神，而必以逃回現世爲快。因爲古代的家庭雖然是無上神聖尊嚴，但沒有浴室、自來水、電器、汽車，更沒有其他如今日供人安逸之器具，自然是不能安置他們的精神與肉體了。他們除了保守傳承的習慣之外，會以爲教育最重要的目的是增加物質的生產，偶然會顧及到衛生醫藥，但對於文學、美術、哲學，都視爲漠不相關。他們反對古文教育的勢力，自然是具有很大的影響。

反對者則以精神的愉快爲唯一的目的，可是就價值而言，我們卻不能肯定的說他比前者爲優；他們的主張相對地完美，但是仍不免有未能盡善之處。因爲物質的優良雖沒有極大的價值，可是「惡」的危害卻遠過於精神的優美。我們知道，饑寒疾病是人人所同樣畏懼的；鳥獸失去了食物便歸於死亡，一旦食物充裕了，卻又樂以忘憂，想不到自己的未來，這是由於牠們缺乏「思想」。人類卻不是如此，因爲饑寒的可憂而不得不想到未來，因此終日勤勞，以圖微薄的利益，即便非常辛苦亦所不辭，因爲他們知道與其饑寒待死，不如勤勞而求生。有史以來，因工業革命及其附加產物的發生，始予人類以創造新世界謀幸福的機會。如果人人能各盡其力奮進，物質不良的害處或許會減少到極小的限度，如果加以種種組織及科學的方法求進，必能達到全世界人類皆得衣食住的地步，縱然不能富足，也至少足以防止痛苦、撲滅疾病，減少身體上的衰弱，人口的繁殖亦必能使之和所供給的食物成比例。如此一來，全世界全人類所最恐懼、最不幸卻又日夜在預備著的戰爭，亦必因之而絕滅，因爲消滅了戰爭的「因」，便沒有發生戰爭的可能與必要。凡此種種，對於人生的價值之大，自然很明顯，而對於圖謀達到這種目的的教育，誰也不容反對了。這種教育的內容，當然是以科學爲重，因爲除了物理學、生理學、以及心理學以外，絕不足以創造新世界，拉丁文、希臘文之有無，自然沒有妨礙但丁（Dante）和莎士比亞之有無，自然不足輕重。這是「實利教育」者的口實，同時使我們感到重要的深切之點。可是，這裡卻留有是非之餘地，假如已經獲得安逸與健康，但是不知其所用，又有何良善之可言？爲剷除物質不良的禍害而過激，以致不能爲和平安寧計，又有何良善可言？因此我們絕不可因爲抗禦惡魔，而犧牲世界上最後的「良善」。

第三點，無用的知識才具有固有的價値嗎？具固有價價的知識都是無用的嗎？回想我們幼時的光陰，大都耗費於拉丁文、希臘文，現在回想起來，並沒有絲毫裨益，因爲我們日後的所作所爲，和拉丁文、希臘文並無多大的關係。並且後來竟至不能通曉，連流暢的閱讀之樂都沒有。而學習後所忘不了的僅是「Sepeilex」的各種格式，這種知識的價値，和所謂三呎一碼的知識可以說是絲毫沒有兩樣；論到「實利」，也只不過供給我們作爲敘述的材料罷了。反過來看，我們所學的數學和別的學科，不但有無窮的實利，並且具有莫大的價値，因爲那是我們「思想」的源泉，同時是我們求眞理的標準。這種因果固然由於個性之發展，但是今日學古文而能獲得古文的利益自然更少。至於法、德都有其價値的文學，並且是易學而有用，自然比拉丁文、希臘文更有益。所以對於這種沒有直接實利之知識，不必視爲完全無用之廢物，但除了少數專家以外，卻無須專注在字辭文法上推敲深究，耗費長久的時日。今日人類的問題和知識日趨複雜，所以教育的方法，也應隨之而加以調整，使之足以應付新生之環境及事務，以調和的手段而維持其均衡。這樣既能保存古文學的精髓，同時使科學更有發展的餘地，有利新世界的創造。

可是我們卻不應就認定古文學對於教育不如實利重要，因爲極重要的文學、世界史、音樂、繪畫、建築等，都是發展創造力所不可少的工具。具有創造力，才可知道世界的變遷；失去創造力，世界的進步將成爲機械而且衰弱了。但是科學也足以鼓舞創造力，就我而言，幼時受天文學和地質學的利益，比英、法、德各國文學之利益爲大。這固然是由於我個性的嗜好不同，所從而受益亦不同，自不應固執一端。但是我所要建議的，便是凡要精通一種含有性質特別難明的學科，必須先審察是否有用而後行。否則，只是徒然消耗心血罷了。文藝復興時代的歐洲並沒有其他各國的文學，今日卻很多；希臘文學固有之價值尚能傳授於不知希臘文學的人民，而拉丁文學的價值卻實在很少。因此，關於子女的教育，非有特別設定的目的，對於古文學的部分，不必過求高深；而對於數學和科學卻不可不加以重視。具有特別資質或專門嗜好的，自然不在此列了。

在機械文明的時代之下，徒言實利主義，其危險必犧牲人生審美方面之「效益」（efficiency），近有提倡語言僅爲交流之方法而非「美」之媒介物者，足以使我們驚訝，自從出現了這樣的論調，便舉世風靡，而尤以美國爲濃厚。近來兒童基金會（The Children's Foundation）發行《兒童：他的天性和他的需要》（*The Child: His Nature and His Needs*）一書，頗占一時的勢力，其中論及教授英文一事，使我們相當不滿，現引證以說明之。在該書三百八十四頁有下列之議論：「在二十五年前的學校，學生須習一萬字至一萬五千字，但是考證二十多年來的結果，學生畢業後之所用皆非所學，因爲他們日常所應用的不過三千字，而從事於專門職業者更須另習專門名詞。況且美國人日常應用之字彙至多不過一千五百字，終身沒有用到此數之一半者非常多。因此，從事實而言，今日的學校須根據這一點而加以改良，凡是日常應用之字當拼讀純熟，其特別專門之字或未必用之者，則宜刪去。」

關於這一段議論，我們如果略進一步思索，恰恰產生相反的意見。一般認為練習拼字以備用，乃純為習慣所使然。因此才犧牲一切來學習許多字，因為非此不能作優美的文章而賞識有名的著作。而且其重要之處並不在於明瞭字之拼讀，而在於知字之如何使用。不教之學習一萬五千字而教之用一千五百字的理由正即在此。但是學習用字的方法，在於細心熟讀優美的文學，在於精而不在於博。可是細心熟讀卻又為該書所反對，該書四百二十頁說：「學校兒童，應當養成讀書敏捷的習慣，使不尋意義於字裡行間以生停滯，不然，因字句之阻礙會失去全文眞意之所在。」在這裡，我們便不能不有所懷疑，試問由此而受訓練的學生對於古人的詩歌能否明瞭？或者有人說：今人不應為此纖細無用的鑑賞詩歌作為教學的標準；但是說這句話的人，一定是專門教青年如何取單純的科學方法來自相殘殺，而絲毫不顧慮歷史演變之法則了，這一點，我們當不能認為是實利哲學所應得之結果。

總括所言，兒童究竟應該給予何種知識？現在且就各方面不同的問題加以討論：一半是教授之方法問題，一半是品性教育和行為之養成問題。因此可以說是與政治學無關而專屬於心理學及倫理學。心理學在從前是無用之學，現今才漸被重視，如工業心理學、教育心理學、疾病心理學等，都占有實用上極重要之地位。其勢力更將擴展到各種制度之中，而在教育中，自然是久已受到極大的效果了。

現在先來討論訓育問題。在古代所謂訓育（discipline），意義非常簡單。例如命令兒童做他所不願的事，或禁止他所願做的事，如果兒童違反命令，便受嚴厲之處罰，或禁絕其飲食。我們看過《仙童家族》（*The Fairchild Family*）一書，都知道亨利學習拉丁文的故事：亨利的父親對亨利說，不通拉丁文便不能當牧師，但亨利始終不用功學習，致使他的父親失望，結果被囚禁在屋樓之最上層，每天只給必需的飲食，並且不許姊妹和他交談，意思是說亨利為最可恥的少年，和他交談便是恥辱。一天，有姊妹私自給予食物，被奴僕所告發，以致受了許多指責，亨利自從受了這次教訓便開始努力拉丁文了。又如契訶夫（Chekhov）關於他叔父救貓捕鼠的故事，卻又與此相反。他叔父曾捕一鼠放入貓室裡，那時，貓捕鼠的本能並沒有發達完備，貓竟沒有捕鼠的動作，因此他叔父便把貓毒打一頓；第二天他叔父又照舊的試驗，以至三、四日之後，貓性仍然沒有絲毫改變。後來他叔父終以貓為蠢物，以為不可教。最後貓雖沒有其他的變異，可是一遇到鼠便戰慄恐懼，逃之唯恐不及。契訶夫把這段故事的始末敘述後，有這樣一個結論：「我叔父教我拉丁文，和對這貓的態度完全沒有兩樣。」我們看以上兩樁事實，可見古時的所謂訓育，現今已完全不能採用了。

但今日教育家對於訓育，並不是只求避免上述事實的流弊，乃在於如何運用得到的新方法。可是對於新方法又未曾加以研究，常常免不了誤會。起初我聽到蒙特梭利夫人不用訓育，但她能管理滿堂兒童，我覺得很奇怪，後來我讀到蒙特梭利的著作，才知道她並不是捨棄訓育而不用。當我的孩子三歲時，便送他到蒙特梭利學校，不久他便能循規矩，竟變成受過完整訓育的兒童。原來蒙特梭利的規則和遊戲運動相似，兒童們都樂於服從而絲毫不感到外界的壓迫。從前以兒童非加威嚇不能勤學，這完全由於教授方法的不良，並沒有其他的原因。假使對於兒童所應學的目標如讀書作文一樣，分爲等級以適應各個心理，那麼兒童各習其所喜，自然無須外界的訓育。其他雖然有極簡單的規則，如不許妨礙他人以及同時不得使用兩種器具等，卻非常容易了解，讓兒童們遵循當然沒有任何困難，兒童亦能因此而養成自治的習慣而啟發他固有的天性。一般都知道在遊戲中容易獲得自治的良好結果，而不知利用它以獲得學識。我們既然知道可以利用它以獲得學識，便即須實行，這不但是兒童教育應該如此，凡是各級教育都應當如此，可是在施行上有種種困難。我並不是將這件事看得很容易而歸咎於教育者，但教授方法之發明須具有天才，而教師之應用其法卻不必如天才，只要經過適當的訓練而具有同情心和忍耐性便夠了。總之，其根本觀念非常簡明：適當的訓育，不在外界的壓迫，而在於內心習慣的自然引導，使向於所欲達的目的之活動。這種方法適用於教育上的成功，足以使我們嘆服。而蒙特梭利夫人的功績，可算照耀了全部教育學的領域了。

教育方法的變更，多由於「性惡」之說而失其信仰。在從前，說我們人生從幼時起應受天罰，須經過無窮的折磨才能成爲歸順的人，才有向「善」可言。我們的祖宗受這種議論的影響便很大。現在就史坦利（Dean Stanley）所著之《阿諾德博士傳》（*Dr. Arnold*）中摘錄兩節以證其謬誤，史坦利是阿諾德博士的學生，便是在《湯姆求學記》（*Tom Browns School Days*）中的兒童亞瑟（Arthur）。阿諾德博士是改良英國公立學校著名的人物，現今英國採行其主義者仍然很多，可謂爲英國生色不少。我討論阿諾德博士，並非關心以往久遠的事，實在是鑄成今日英國上層階級的事。阿諾德博士除對於犯道德上的過失，如撒謊、飲酒、及懶惰者以外，一概不採取鞭撻的懲罰。但是他看見某報載有「鞭撻爲野蠻懲罰應完全廢除」之語，他卻大爲驚怒，他答覆該報說：

「我固然知道持此論者用意之所在，其源起於個人獨立的觀念，但是這種觀念，既沒有理由，又不是基督教義，實不離野蠻的本質，歐洲受他的流毒已經很廣，而今更以雅各賓主義（Jacobinism）恐嚇於一般人，……這時我們既不能爲風俗頹敗道德墮落的眞因，而又醉心於個人卑劣的改革，究竟有何補益？其遺害於人類純潔、嚴肅、謙下之心更難以設想。」

因此，阿諾德博士對於一印度學生，在不謙下的時候而主張加以鞭撻，自然是理所當然的了。

還有一節史特拉才在《維多利亞時代的偉人》（*Eminent Victorians*）一書中曾引論到，我覺得很有引論的價值：一天阿諾德博士因休假赴柯摩湖（The Lake of Como）旅行，賞玩風景及歡樂的情形，在他給夫人的信件裡可以看出，那信上說：

「當我環視四周的美麗，便沉思到道德的邪惡，實在使我不寒而慄。所謂天堂地獄，當中不但沒有重洋的阻隔，並且可以說是犬牙相錯而不可分的，距離我們更是近在咫尺之間了。所謂道德的邪惡和我的關係，正和愉快與外界之美麗的關係一樣，因爲道德的邪惡之潛藏於上帝知識之中，比起其他一切的力量爲大。可是，我們並不是稱讚道德的良善……但是我們果眞憎惡邪惡，並不在於有邪惡的人，而是在於蘊藏在人之中的邪惡。以我們的知識來說，這是我們心中極顯著的上帝及基督的意旨，而使我們同情心的精神和上帝的精神相感應。我不禁要感嘆，見、言是很容易，行、覺卻十分困難！但是誰能實行、體驗？只有能自知不足者可能。我妻我兒，我願基督耶穌永遠的保佑你們！」

可惜這位慈愛的君子，由自責過度而變爲虐待狂（sadism）了。因此，雖是鞭撻了兒童，但他自己並不悔悟，並且自信所施行之鞭撻，合於愛的宗教。人之迷於外物固然是可悲的事，但爲了使一般人憎惡邪惡而加害於純潔的兒童，這種殘忍的手段我們更覺得可嘆，絕不能使我認爲是上帝的意旨。戰爭、拷打、壓迫，今日雖然有正直之人亦認爲懲戒的正當行爲，但我們在夜裡捫心自問，是否能使我們完全樂觀？所以慈祥的教育家，也可以說是眞正的教育家，他絕不會視兒童爲魔王的手足而加以嚴罰，即便是懲戒成人的罪過，也應當持此觀念而不變。

在這裡我們應該注意到的，便是反對阿諾德博士之說者，他們認爲兒童的天性本是「善良」的，其所以爲惡，完全是由於習俗所染。持著這種學說，爲害雖是較小，但按之於科學也不是正確的創論。這種學說本來是起於盧梭（Rousseau），但盧梭所言，僅是抽象的論述，我們如果把他的《愛彌兒》（*Émile, ou De l'éducation*）一書檢閱一番，便知道模範人的領域非經過許多道德上的訓練不可。所以兒童的天性，本無所謂善惡，他只是具有天然的反應力和各種本能，因爲各個環境的關係，而發生善惡習慣的事實差別。幼小的兒童，天性柔軟，容易變遷，所以這責任完全繫於保母、慈母的教育。在許多的兒童中，自然有的是善良國民的資質，有的是惡劣市民的資質，我們根據科學的出發點，以心理學而言，那每天所施行之鞭撻、每星期所做的禱告，都不足以產生美德。可是我們不能因此即認爲沒有其他方法可以產生。塞繆爾·巴特勒（Samuel Buter）說古時的教育家以鞭撻兒童爲愉快，不然爲什麼堅持這種無用的痛苦而不加以改變呢？健康的兒童，不難使之幸福，而兒童的健康都由於以適合於身心的方法養育而得。而幸福之於兒童，是養成最高尚人品所絕對不可少的唯一要件。懶惰的習慣，是阿諾德博士所認爲「道德之邪惡」之要點，假使兒童對於自己所學習者，能自己知道其價值，惡習慣自然不會渲染了。如果日夜所灌輸的知識沒有絲毫的價值，而灌輸之者反是殘忍凶暴的人，那麼兒童的行爲自然變爲契訶夫故事中的貓，而殘忍凶暴者更和契訶夫故事中的打貓陷於同樣的可笑而又可憐了！

好學是人的天性，好學的心人人具備，和學習走路、言語一樣。我們應當把這一點視爲教育中最重要的力量，運用這種力量來代替教鞭，是今日教育的大進步。

最後，對於今日注意兒童新趨勢所當言之點，和我們對於養成道德觀念的變遷有密切的關係。在過去，一向以爲美德完全賴於意志（will），以爲我們種種不良的「欲望」，都爲抽象的意志力所控制，所以想根本除絕不良的欲望，便視爲萬不可能的事，而可能做的僅僅是控制罷了。這種情形，正和警察之於罪人一樣，任何社會中，都不可能完全沒有犯罪的人，所以用警察的力量去防範，萬一有少數不服從法律，便逮捕而加以懲罰。可是在今日犯罪心理學家看來，便不以爲然，認爲犯罪的原因，應該以適當的教育去防止，凡是可以適用於社會的，便可以適用於個人；兒童的心理，都希望得到長者和同伴的愛護，所以他發育成長的結果，或善或惡，都完全依他的環境而決定，而且在兒童時代，養成新的習慣非常容易，有良善的習慣，自然容易入美德的領域。以前所謂美德便不是如此，假使不良的欲望橫行狂暴，便以意志力阻止它的表現，所採取控制惡行的方法，十分令我們不滿；我們不難知道，不良的欲望和河流一樣，它是在不斷的流動著，如果我們只知道防堵它，那便有潰堤氾濫的一天。「禁之於此必發之於彼」，這是科學的定律，背其性而行，結果都是如此。因此以意志控制不良的欲望，雖然有時是必要，但究竟不能使我們承認這是一種完全適當的美德。

在這裡，我們還要討論到精神分析，可是如果詳細的加以剖析，卻缺乏相當的例證。普通的方法非常重要，創造適當訓練道德的方法更值得我們注意與研究。有許多精神分析學家，對於訓練嬰兒的重要性言之過甚，他們認定兒童的性質，到三歲時便確立而固定不移。對於這一點，我們敢決斷的否認。因爲他認定了這個事實，所以對於嬰兒的心理學未曾加以注意，而他們所流行的方法，適足以造成妨害美德的結果。例如睡眠，做父母的都希望兒女安穩的入睡，因爲兒童入睡既足以幫助兒童身體的健康，又不妨礙自己的事務，因此，便發明了許多方法以求兒童入睡的美滿結果，例如靈活的搖籃搖床以及溫柔的搖籃曲等。可是以科學的方法來考察，這種專門方法卻有許多不適當之點，因爲有時雖獲成功，但適足以養成不良的習慣。凡是兒童，都喜歡別人和他嬉笑遊戲，以滿足他自重及天性發展的欲望，當他見到因爲不睡而受他人注意及不滿時，他的內心便產生不正當的變化，倘使採此方法而不變，其結果不但有害於健康，並且有害於品性。所以在這裡我們最要注意的便是養成習慣，使他有「臥床則睡」的習慣。假使養成了這種習慣，那麼兒童若不是有病痛，絕不會有臥床而不睡的事實。其他一切善惡的習慣養成，都可以依此類推。關於這種研究固然是很基本，可是他的成效卻已非常顯著，將來的成功自不難推測。因此，道德教育——即品性教育——應當始於最幼小的時期，並且須改變今日慈母、保母所採用的方法。總之，從各方面觀察，近年來對於教育的理論已因時代之進步而大爲變更，其利益實與時俱進，這是非常明顯的事實。

第二章　教育的目的

我們在還沒研究「應該如何教育」的方法之前，首先應明瞭我們所應得的結果。如阿諾德博士要養成「謙下的心性」，這種「謙下的心性」是亞里士多德所謂「通達者」（Magnanimous man）所不應該具有的，尼采（Nietzsche）的觀念並不是基督教義，康德（Kant）的觀念亦復如此，因爲基督重於訓愛，而康德卻說，凡是基於愛所發生的行爲，並不是眞正的美德。又如各人對於良善性質的組成元素看法或許相同，可是他們成分的輕重卻有差異。A以勇敢爲重，B以學問爲重，C以仁愛爲重，而D或以誠實爲重。或如布魯圖斯（Brutus）認爲應該先治國而後齊家，或如孔子認爲先齊家而後治國。諸如此類的教育意見不同，其產生的結果亦因之而大異。因此，要獲得良好教育的定見，首先要具有欲其產生何種人物的觀念。

教育家創辦教育的結果，有時可能和本意相違背，但是以大多數最有能力的教育家而言，大都收有美滿的成效。如中國的文學家、最近的日本之耶穌會教士（Jesuits）、阿諾德博士和指導美國公立教育政策的人物，都獲得最大的成效。他們的目的雖各有不同，但是所獲得的結果卻沒有兩樣。在這裡，我們不妨再來大略的剖述一下：

中國的舊式教育，和雅典全盛時代的教育相似之點很多。雅典的兒童，從幼時起，一直到成年爲止，便整天誦讀荷馬（Homer）的書；中國的兒童，便是終日在誦讀孔子的書。雅典的兒童學習敬禮和外觀相合的神靈，但是沒有妨礙到思想上的自由；中國的兒童學習對祖先敬禮的儀式，但是並沒有其他信仰的意義存在。其成年人受教育的結果是一種明白優美的懷疑主義，即其所學的事物可以討論辯駁而難以達到絕對的結論。其意見可公開的討論於飲食之時，但用不著彼此喧嚷而互相爭論。加里萊說柏拉圖是「一個雅典的莊嚴紳士，雖是置身於耶路撒冷的天堂，也好像安閒無事一樣。」這種安閒的態度，正和中國的聖賢相同；在基督教的文明中，是從來尋求不出的，像歌德（Goethe）那樣曾受希臘文化的實在是例外。雅典人和中國人所以如此，分析他們的觀念，無非是爲了求生活的愉快，而具有極美滿的享樂欲望。

當我們就這兩種文明加以觀察，便發現有大不相同之處：希臘人富於精力，而中國人便流於懶惰。希臘人將他們的精力專注在美術與科學而互相論辨，其結果所獲得的成功，卓絕千古；在政權和愛國主義的方面，也產生了發洩精力的路途，政客一旦被打倒，便立刻率領著徒眾去反攻，以求解除餘憤。但中國便不然，官吏被放逐後便退歸山林，吟詩著書，度其山水生活。因此，希臘的文明是自行破滅，而中國的文明卻非外力加以打擊不能破滅。這裡雖有不同之處，但不能一概歸源於教育，例如孔子主義在日本，除了東京的貴族之外，未曾產生過懶惰的懷疑主義。

中國的教育產生「安定」及「美術」，而不產生「進步」或「科學」，這或許是懷疑主義所期望的。如重於情感的信仰，則衍生成災難，卻不是「安定」。科學雖然攻擊舊日的信仰，但是有它自身的信仰存在，不易興盛於文學懷疑主義的空氣之中。在這喜好爭論的世界中，精力實在是國家自衛不可缺少的利器。摒棄了科學民主主義絕不能開展，所以中國的文明限於少數受教育者之中，而希臘文明卻基於奴隸之中。因此，中國舊式的教育，已經不適於今日的新世界，而被中國人自行摒棄不用了。十八世紀時代的紳士，和中國的所謂古文家可以說是一個模型，其不適合於今日，自然是應有的結局。

現代列強教育的趨勢，都以富強國家爲唯一的目的，日本可以算是唯一的代表。日本教育的目的在於養成愛國心，而又有知識足以用其愛國心以爲國效力。這種一舉而兩得的方法，自然是非常巧妙。自從美國馬修・培理（Matthew C. Perry）的艦隊遊日本以後，日本自衛的地位非常困難，其成功之力便是教育的收穫。但只有處於這種困難的地位，才足以知道其教育方法出於不得已，不然，將它加於並沒有十分危險的國家，這種教育方法便產生了缺陷。神道宗教在日本，其曖昧不明和歷史相混淆，而橫暴更不堪言狀，雖然是大學教授也不敢發出疑問。以倫理方面而言，更是專制到極點，如國家主義、孝敬、崇拜天皇，都不容許有一絲一毫的懷疑，所以其他各方面亦因而不能進步。這種階級制度的大危險，便是釀成革命，因爲革命是進步的唯一方法。但考察這種危險的由來，多是由於教育制度所造成。

因此，日本教育的弱點，和中國恰恰相反。中國的古文家過於懷疑、過於懶惰；而日本教育的結果便是過於獨斷而用精力太過。可是，教育所應得的結果究竟是什麼呢？我們應該這樣確認：既不能從懷疑主義之下獲得，亦非獨斷主義所能產生。所應得的結果，便是人人相信唯有用方法獲取知識，雖然有困難，但並不是「不能」。無論如何，我們所視爲知識者或者免不了錯誤，但是可以留心勤勉的去補救。我們既然本此信仰而行，便不可不十分謹慎，因爲一有小錯，便鑄成大誤，但也不能因此而不行動。這裡所謂困難並不是所謂不能，從實際上來說，便是所謂科學的性質。知識原和其他良善的事物一樣，獲取雖然有種種困難，卻不是不能獲取。獨斷者便是「不知困難」，而懷疑者便是以爲不能。兩者都陷於謬誤的極端，而其謬誤的結果，都足以發生社會的危險。

耶穌會教士認爲教育是附屬於天主教教堂之幸福事業，這種謬誤，正和今日的日本人相同。他們的意旨，不在於謀學生個人的良善，而在於製造物質成品，因圖教堂的利益而利用。他們的教義說靈魂自地獄解脫，比一切的俗事更爲重大，但這件事只有教堂才能擔當。因此，我們自不能責備信其教義者爲不是，只有不信者才會考察到結果。其結果因爲有時出乎意外，如伏爾泰（Voltaire）是耶穌會方法的信徒，結果便相反。大體而言，以長久的時期來考察，其結果卻是成功的，如反改革派，新教在法國喪失勢力，都是耶穌會努力的結果。他們爲求達到目的，使藝術重於感情，使思想重於皮毛，道德日趨墮落，到最後，便有一舉掃除此種毒害的法國革命發生。

阿諾德博士的制度，一直到如今仍然施行於英國公立學校之中，其缺點便在於貴族性質，其目的在於養成國家操攬政權的人。凡是貴族，如果要保持貴族的生命，必須具有相當的美德，這種美德便須在學校培養。精悍、堅忍、強壯、誠實、堅確不移的信仰，以爲世人做事爲己任，是他們教育的目的，這種目的的成功，足以使我們驚嘆。在理智方面，所謂知識卻被他們犧牲摒棄，因爲有了知識便容易發生疑慮；在情感方面，所謂同情心也同樣被他們所捨棄，因為具有同情心便不能有管轄劣等民族的決心。至於「仁愛心」卻被「堅忍」所消滅，「想像力」卻被「決斷力」所抑制。如果在一無變化的世界中，其結果自然是永遠的貴族，而具有斯巴達的典型。可是貴族階級已成為過去的陳跡，雖有古代所謂至聖至賢的人物駕臨在上，無論如何都不能使今日的人民對他俯首帖耳，絲毫不疑的甘心服從。所以當政者以人民的不服而逞其橫暴，人民必以當政者的橫暴而產生「革命」的結果。在這日趨複雜的時代，自然應該增長人民的知識，而阿諾德博士的主張與措施，卻完全和這個歷史的法則相違背。從這一點我們可以看到，最後的勝利或將歸之於伊頓公學（Eton College）的遊戲場，而大不列顛的命運恐怕壽終於此。今日的世界需用各種人才，必須具有想像力的同情心而富有知識，並且必須富有專門的知識。將來的行政長官，必須做自由市民的公僕，而不是馴良百姓的恩主。貴族性質潛伏於教育，實在是英國高等教育的毒害。這種貴族性質，因時代社會的變易，或將漸漸減少，舊式學校或將漸漸消滅，我們這裡姑且不談。

美國公立學校教育的計畫，企圖將人種複雜的國家化為單純合一的國家，其事業之大，成功之巨，前所未有。可是美國的情形和日本的情形沒有兩樣，為特別的地位提供特別的教育，並不是各國可直接效法而不變的。美國固然有其特別的便利，但是也有特別的困難，便利之處是在於豐富的財源，沒有戰敗的危險，鮮少有自中世紀傳來的舊習慣，一般人移入美國，都可以看出他們民主主義的發達，和高尚的工業專門知識。所以他們多歌頌美國而非難自己的祖國；可是真正的移民，多懷有兩重的愛國主義，我們以歐洲爭鬥為例，便是各為其祖國。至於他們的子女，卻都忘記了他們原有的國家，而成爲純粹的美國人。父母的態度，只是受美國一般的渲染，而他們的子女卻完全被學校教育所陶鎔。

美國的學校全賴美國純粹的價值，所以無須將養成美國的愛國主義和虛僞的標準混爲一談。可是舊世界較新世界不同之處，即容易發生輕視其純粹優美的心；西歐知識的水準和東歐美術的水準，整體而言，都比美國高。全歐之中除西班牙、葡萄牙以外，關於神道的迷信都比美國少。全歐各國，關於個人受群眾的管轄，都比美國輕，因爲在政治上的自由雖然較少，而在內部的自由卻很大。由這幾點來觀察，都是美國學校的毒害所致。而其毒害完全在於專教美國的愛國主義。這種毒害的發生，正和日本人與耶穌會相同，都以學生爲達到目的的手段，而不以學生的本身爲目的。我們可以說：凡是教師，都應以愛學生比其國家或教堂更重要，不然便不是理想的教師。今日的事實，卻和這個原則完全相反。

教育應當以學生爲目的，不可以當成手段，反對者必定要說：以人爲手段比以人爲目的更爲嚴重，因爲以人爲目的，人死亡後則一切都歸於消滅，而以人爲手段所產生之物，卻能與時俱存，永垂不朽。這種議論，我們雖不必加以辯論，但我們都要辨清它的結果。以人爲手段而見重者，有爲善爲惡的分別，而人的舉動，其將來之結果我們絕無法肯定，即使聖賢也不敢預料。雖然以一般的事實來觀察社會情況，良善者其結果必定良善，惡者其結果必惡無疑，可是這並非一不變的定律。例如：有一惡人犯法，恐被橫暴的官吏加罪而把他謀殺，這種舉動固然是不善，結果卻不能說是不善。對於兒童與青年，眞正要他們爲善，和把他們看成手段而當作利用品，其結果之差異是非常明顯的；教師沒有眞正的慈愛心，兒童的本性和知識勢必不能發展；而眞正的慈愛，即在於有以兒童爲目的的情感。我們對於自身都有這樣的情感；我們都希望獲得美物爲己有，既然得到這個美物以後，尙可因之而達到其他的目的。凡是慈愛的父母，我知道對於他們的子女，也都有同樣的情感；他們都希望兒女成長、健康、在學校中成績優異，以及對於其他一切事項的希望，和他們爲其本身所希望者完全相同。其中並不參雜其他的目的。這種慈愛，是人類的天性，不僅限於父母對他親生的兒女是如此，凡是所謂良善的教師，對於他們的學生也該具有這樣的情感。所以必須具有這種情感之後，才足以說到教育的計畫。現今男子教育爲養成睚眥之怨而相殘殺，以致置生死人道於不顧，自然不是父母的願望。然而現今文明各國的教育，除了中國、丹麥以外，都在這方面努力奮進而不懈。

教育家不僅以愛學生便終止，必須具有美好的正當觀念。貓教育牠的幼貓捕鼠而作爲戲弄，武士教練青年子弟也是如此；貓愛牠的幼貓而本意並不在鼠，武士愛他的青年子弟並不是敵人的兒子。即便是博愛的人，也往往因良善生活的觀念而生謬誤。所以我們應當先論及男女美好的觀念，先不問其實行之如何、以及實行的方法如何。這一點不但對於以後討論教育問題時大有助益，並且可以找出我們今後所要走的方向。

首先，我們對於一部分人所不可少的特質以及全體人類所不可少的特質加以區別。藝術家固然爲世界所需要，但科學家也同樣的爲世界所需要。行政家固然爲社會所需要，但農夫、磨粉工及做麵包的人也爲社會所需要。每個人在一方面產生偉大人物的特質，可是這些特質要普及於所有人卻不可能。雪萊（Shelley）曾將詩人每天的生活做過這樣的描寫：

"He will watch from dawn to gloom（他終日坐在湖濱）
The lake-reflected sun illume（看著日光的反射和花間美麗的蜜蜂）
The honey-bees in the ivy-bloom（只領會著那是芬芳的仙境）
Nor heed nor see what things they be."（忘卻了他是留在人間）

這種習慣，只可以加之於詩人，而不能加之於郵差；所以教育工作者，絕不能將詩人的特質加之於一般人，雖然有些是眾人所不可缺的特質。以下加以申述。

現在舉出四種特質，似乎是組成理想特質的基礎；即活力（vitality）、勇氣（courage）、感受性（sensitiveness）及智慧（intelligence）四種。這雖不能說是完全，但至少非常正當。我相信如果對於青年的身體、情緒及知識方面加以適當的注意，便可以使此等性質十分普及。以下且一一加以分述。

活力關係於身體而非關係於精神，身體強健則活力因之而強盛，年老活力便衰弱。勇敢的兒童，在沒有達到入學年齡之前增長很快，之後便因教育的影響而減少。凡是具有活力，便產生愉快的感覺，並且足以助長愉快而減少痛苦，遇事容易產生興味而求其成功。

本來人類多被他的心思所煩擾，對於本身以外的所見所聞不大產生興味，因此多愁多病，妨礙進取。如果眞有活力，便使他對於外界的事物產生興味，並且增加他任勞負重的力量。活動能發展本身的愉快，所以能防止嫉妒心的發生，而嫉妒心便是造成痛苦的一大原因，所以活力對於人生的功用，影響實在很大。可是，既具有活力，卻不免有不良的性質，例如強壯的虎、豹便是一例。沒有活力，卻仍然可以具有最良好的性質，如牛頓（Newton）、洛克（Locke）便是一例。但牛頓和洛克兩人的性質都喜怒而多嫉妒，假使他們的身體強健而具有活力，那便絕不會如此，並且牛頓如果強健，那麼他和萊布尼茲（Leibniz）的爭論，使英國數學家破壞至百餘年之久的事實便不至於發生。因此活力雖然有不完全之處，可是我以爲這是人人所應該具有而不可缺少的要件。

勇氣，是我所列舉的第二種性質，呈現的形式不一，並且集合而難以分析，如「不恐懼」是一件事，而控制恐懼的力量又是一件事。應恐懼而不恐懼是一件事，不應恐懼而恐懼又是一件事。不應恐懼而不恐懼，這便是他控制恐懼的力量，我們自然認爲是良善。如果應恐懼而不恐懼，那麼是否是「善」，卻很費一番爭議。現在我且先論其他勇氣的形式，而後再論述這一點。

不應當恐懼的恐懼，一般人大都不能免。在病理學的形式中，如虐待的狂癖，常常須精神病學者治療；可是輕微的仍然被視爲健康者。一般人對於鼠和蜘蛛這些沒有危險的東西，卻都有恐懼的感覺；在從前，曾認爲許多恐懼的發生由於天性，今日便使我們懷疑。

談到大聲等少數的恐懼，固然是發於天性，可是也多由於經驗或暗示，如恐懼黑暗似乎純然是由於暗示。凡是脊椎動物多能思考，並沒有恐懼其自然仇敵的心；但牠之所以會發生恐懼，大都是從較長者的情緒而學得的結果。人類都由於養育而成長，恐懼的心當然不在養育之列，可是恐懼的心非常容易傳布，兒童在不知不覺之間習得其長者的意思、生母及保母的畏怯心，最容易使兒童由暗示而模仿。男子大都歡喜女子有不應恐懼而恐懼的心，而得到獻殷勤而出力保護的機會，而又不遭眞正的危險；子女亦多由其母而學知恐懼，日後必須經過若干的訓練，才能恢復他固有的膽量；假使他的父親不藐視他的母親，那麼這種勇氣自然無從喪失。可是，女子的服從之害，實在不堪指述，這裡不過舉其一例罷了。

我對於減少恐懼及憂慮的方法，將在後面論述。可是在這裡卻有一問題不可不說，那就是恐懼可以抑制就算解決了嗎？或是可尋求其他的方法來治療嗎？從前，貴族多訓練得沒有恐懼之貌，而對於屬國、下等階級，以及女子，卻都使他們歸於儒弱而不變，我們可以他們的行爲來試驗其勇氣，如在戰場不得逃亡，須精於豪俠的遊戲，運動、遇水、遇火、地震等事沒有絲毫的驚恐之意，不但所做的事沒有錯誤，且必須面不改色、不戰慄或氣喘，以及其他見於外形的恐懼狀態。像這類的事態，都能使我們認爲重要，並且希望無論哪一個國家、無論什麼階級、無論什麼民族、不論男女，都應該養成。要是所採用的方法是抑制，不良的結果便會隨之而生。羞恥往往是產生勇氣狀態的驅力，但其實不過是恐懼世人唾罵的原因罷了。「除了有所恐懼以外，無論什麼時候都該尊重事實而說實話。」這句話，我在幼時便聽得很熟，我自然不承認它是例外。凡是行動的恐懼應該克服並且感覺的恐懼應當克服；不但應當克服有知覺的感覺，並且應當克服不知不覺的感覺。貴族所重的抑制恐懼，純然在於外界，而內心仍然免不了衝動；產生不良的反動，使他人不知道是由於恐懼所發生的結果。當他戰慄的時候，一望而知是恐懼，自然不必說了。在這裡我所要說的，便是他們統治下層階級的抑制與殘忍的制度。年前在上海的英國軍官，對於無數空手的中國學生，不先加以警告，而命令軍隊從他們的背後槍殺，之所以出此舉動，明明是由於恐懼，和兵士逃亡於陣地的恐懼沒有絲毫的差異。可是在武人貴族自身，多愚昧不知探求心理學上的本源，自以為是安定之表示及運用適當的精神。

從心理學及生理學而言，恐懼和憤怒可算是同一情緒，感於憤怒的人，必不會眞有極高極大的膽量。凡一切如壓制黑人的反抗、共產黨的謀叛及其他有恐嚇貴族舉動等等，其殘暴都是膽怯的表現。我認為無論何人，都可以透過教育使他沒有恐懼。但自古以來，能達到這種地步的，僅僅是極少數的英雄豪傑，這可以說是完全不教的原故。

要有勇氣而不出於抑制，便應該有幾種原因的結合。最初是健康和活力，這兩種既不可缺少，而幫助更大，可是最重要的在於訓練處於危險時的手段。我們所應當注意的，僅是普通的勇氣，即所謂不可缺乏的根本。所謂不可缺乏的是什麼呢？便是「自尊心」和「非人格的生命觀」的結合。自尊心是什麼呢？有的人生活於其自身的主宰，有的人專為被動而以他人的言行為依循。後者沒有正確的膽量，雖然具有贊成他人的心，但往往恐怕守之不固而失之。如「謙遜」（humility），人都視爲美德，但是其結果大都如此；謙遜僅是壓倒自尊心而非尊敬他人，使自居卑下以爲獲得自由的方法，所以結果便是虛僞。如今在兒童的幼年時期便教以無理的服從，到成長時期便責其盡力奉行，所謂唯能服從者能指揮，以誘惑使他至死而不知，這種情形實在使我們悲觀。所以我以爲無論何人，都不應該學習如何服從，也不應該具有指揮他人的心。但我並不是說合作事業中不應有首領，只是說，其權力不過如足球隊的首領一般，都自願保守秩序以達共同的目的便夠了。我們的目的，必須是一般公有的目的，並非外力所加的結果；所以我們的目的，絕對不以勢力加之於他人之上，這便是我所說的任何人不應指揮、任何人亦不應服從。

「非人格的生命觀」是什麼呢？假使人以希望與恐懼集於一身，那麼一旦身死，平生所愛戀的宇宙將和自己一同滅毀，因此對於死便不能平心靜氣。在從前，往往用淺易的方法去抑制，所謂聖人應當摒棄自我（self）抑制肉慾，拒絕天然的快樂；這雖然不是不可能的事，可是結果卻發生很大的流弊；因爲所謂厭世避俗的聖人，不但是以他個人摒棄一切的愉快爲終止，並且使他人也同樣的摒棄。因爲他嫉妒心的產生，便使他以爲忍受是可以使人高尚而應受的處罰。所以以善爲惡，以惡爲善，結果適得其反。他們所謂良善爲生命，是求之於服從反面的命令之中，而不是擴充發展自然的欲望和本能，我們可以說萬害之源即在於此。在人性之中，有些成分容易使我們離開自我，如最普通的便是愛，而以父母的愛爲更明顯，凡是人類，都是如此。其次是智慧，如伽利略（Galileo），不能說他是特別慈善，但他一生有一定的目的，不因爲他的死歸於破壞。再其次是藝術，廣泛的說，凡是人身以外的事件，其興味都足以使人的生命達於非人格的程度。所以興味廣大活潑的人，對於捨棄生命比較容易，而興味狹窄只限於一身且終日處於憂鬱之中的人，對於捨棄生命卻感到多種困難。因此，完全的勇氣，可以見之於興味廣大的人，因爲他能感覺到自我不過是芸芸眾生中的一條生命，正如滄海一粟罷了。但這並不是將他的自身輕視，而是了解在他的自身之外還有重大的事物存在。可是這種境界，非本能自由與智識活潑的人不能達到。

將以上兩者結合爲一，便完全無缺，但不是一般縱欲奢侈或厭世避俗的人所能夢想得到的。能如此，對於個人的生死，便覺得不足以繫念胸中。這種勇氣，是積極天然的勇氣，而不是消極抑制的勇氣。這種積極的勇氣，被我們確認爲個人完整品性最重要的成分。

感受性，是我所列舉的第三種性質，這不過是矯正勇氣的意思罷了。勇氣的舉動，處於多危險性的人每每容易產生，可是這種勇氣，卻不免於愚蠢。無論哪一種舉動，完全賴於無知無識或善於遺忘以爲準規，絕對不能使我們滿足，我們希望是具有完全的知識和正確的認識。可是認識是屬於知識，而我們所用的感受性卻屬於情緒。以純粹理論的定義而言，便是凡人當受許多刺激而產生情緒於心中時，便是情緒的感受；但以廣義而言，這種性質未必良善，如感受性果眞是善，那麼情緒的反動必近於適當，如果徒然是極端的精力卻無足取。我所理想的性質的愉快與否，都受許多正當事物的影響，所謂正當的事物，我可以作如下的解釋：第一步是幼兒到五個月的時候，由純粹感覺的愉快，如飲食、溫暖等，進而爲社會讚賞的愉快，一旦產生這種愉快，便發達得很快，因爲無論是誰，都喜歡被人稱讚而厭惡受人斥責。並且這種願望，是畢生不變的，這樣的力量足以興奮愉快的舉動而限制貪欲的衝動，倘使我們能因認識而稱讚崇拜，那麼它的價值便更加廣大。可是世人所稱讚崇拜的英雄，卻都是屠殺人民的人，所以這種稱讚與崇愛，不足以爲良善的生命。

感覺發達的形式之第二步是同情心（sympathy）。同情心也有純粹物質的，如最初的幼兒，因爲兄妹哭泣也隨著哭泣。這或者便是將來發達的基礎。由這一點要擴展出來的有兩點：第一，看見受苦難的人，雖然不是有特別感情的人，也產生同情心；第二，雖然僅僅知道發生苦難的事件而並沒有看見，也產生同情心。第二種的擴大多是依賴智識，或讀小說遇到情景活現的地方產生同情心，或僅僅閱覽統計表而產生同情心，這種抽象的同情心的能力，少而可貴。任何人聽到他所愛的人患毒瘤，絕不會不同情，即在醫院裡，看見素不相識的人受痛苦，也必然會同情。但是當他讀到因毒瘤而死的機率，卻都僅僅作一時的思慮，唯恐其關愛者罹之而死。這種情形，在戰爭時也是如此；任何人的父兄子弟被傷斷手足時，都以爲非常恐怖，可是那千萬人在戰場中亦將罹此災難的恐怖，應該是千百倍於此，卻未曾思及。有的人，待人接物非常和悅可親，但在戰爭危急的時期，或又乘機而獲取厚利，或奴隸弱小國家的兒童，剝削他的膏脂，並未曾稍動其心，如這一類日日所能見聞的現象，都是由於一般的同情心尚未被抽象的刺激所啟發。如果能從而補救，則今日世界中的罪惡，或可因之而消滅。今日因科學的發達，我們影響遠方人民的力量因之而大增，而同情心卻沒有絲毫的加多；例如某人是上海製棉公司的股東，或因太忙只隨財政的形勢而投資，除獲得利益以外，對於所謂上海和棉花並沒有興趣，但他已成爲慘殺無辜人民的原因之一，因爲假使他不驅迫那些兒童走入黑暗的地獄中工作，他的利益將無從獲取。因爲他沒有親眼看見那些兒童的痛苦，而抽象的刺激又不足以使他同情，所以便置之不顧。我想，如果能加上教育的力量使他對於抽象的刺激產生感受，那麼這種殘酷的事當不至於發生。

認識的感受性，實際上和觀察的習慣相同，與知識的關係更大。審美的感受性，所發生的許多問題，在這裡我且不討論，現在將我列舉爲第四種性質的「智慧」來論述一下：

舊道德的最大缺點，是輕視智慧（intelligence），希臘人對於這一點有十分適當的注意與運用，而教會卻使人以爲除了美德之外再無他物可言；而他們所謂美德，卻又禁止種種強視爲罪惡的行動，當這種思想盛行的時候，如果要使人明瞭智慧的利益比那矯揉造作的美德更大，便有種種困難。我所謂的智慧，是結合實在的知識與受納知識的力量而言，因爲這兩者有密切的關係。沒有知識的成年人，是不可教的，即以衛生或飲食而言，他們絕對不信任科學的效用。學習愈多，進步便更容易，所以常有前進的精神而不受獨斷主義的拘束。無知無識的人，從沒有受他人的強迫而改變精神的習慣，已成爲頑固不破的狀態。他在應當懷疑的情形之下卻能輕信，他在應當信從的情形之下卻反而深疑。智慧的本義，是表示獲得知識的才能，而並不是已經獲得的知識，這種才能正和鋼琴家、運動家相同，除了練習以外都不能獲得。知識固然不必以訓練智慧的方法而獲得，並且可以利用其他的方法；可是訓練智慧，卻非灌輸知識或使易於獲得知識不可。假使沒有智慧，那麼我們今日複雜的世界便不能存在，更無從進步。所以我認定培養智慧是今日教育中最重要的目的，或者以此爲最尋常的事。可是今日的教育家多以灌輸其所信仰的目標爲職務，而未嘗注意智慧的訓練。所以要使其明瞭，非將智慧更加以適切的定義，以表明其所必需的精神習慣不可。因此，我且不論及那應該包含於智慧定義中的知識歸納，而僅由獲得智慧的習慣來加以考慮。

智慧生命的本源，基於好奇心，最初的狀態，雖是在動物中也能發現，但智慧須有敏銳的好奇心，而且須一定不變；例如，在黑夜裡埋伏於簾後窺探鄰人的隱祕，便無價值可言。一般人的流言蜚語交相議論，非出於愛知識，而是發於懷惡意；因爲傳話者絕不傳人之美而專事暴露他人的惡，而聞者也不究其實，而輕易的傳播以快其意。反過來說，若所謂正當的好奇心，則出於純粹愛知識之心。例如，我們將貓放在牠不熟悉的室內，牠一定是遍遊屋角，雖是極小的器具，也一定一一加以觀察，這便是好奇心的表現。又如兒童發現他人平常關鎖著的抽屜拉開，便留意觀看，凡是動物、機械、雷霆、風雨以及各種的物件，都足以使兒童產生好奇心，他們表現著求知識的急切，實足以使極智慧的成年人羞慚。這種衝動，因年齡的增長而逐漸的減少，以至於不常見的事物，只能使他發生嫌惡而不加以細心的觀察。這便是一般人說的，「世俗日非，一切事物皆非其幼時所見」的道理。可是所謂「非其幼時所見」，這裡面尚有好奇心存在，如果這好奇心消滅，那麼所謂活潑的智慧也便隨著消滅了。

可是，好奇心過了兒童時期以後，其密度和範圍雖是日漸減少，而其性質的增進卻並非在很短的時間裡便立刻終止的。好奇心對於一般問題所展現求知的程度，相較於對特別事實所追求者爲高，廣泛的說，便是事情的程序愈高，那麼所需的知識便愈大（但這定律不可固執）。不求利己的好奇心，比起求一機會以得食物的好奇心更發達。如貓的周視全室，並不是純爲大公無私的科學的考察，牠的存心或者是以爲可以捕鼠。可是不能說沒有自利的心，便是最良善的好奇心，其最良善者或者是和其他無直接或不顯然的興味相關，而僅可用相當的智慧去發現，但這一點沒有決定的必要。

知識生命，不過是我們活動的一部分，並且往往和其他的目的相衝突，所以不能不有如虛心者的智慧美德。我們要排除習慣和欲望而求眞理，其困難非常之大，因爲一向所信仰者要一旦拋棄，實在不是容易的事。所以虛心應成爲教育目的所產生的特質之一，現今的教育能注意及此者很少。我們且來看一九二五年六月三十一日《每日新聞》（*The Daily Herald*）的記事：

「爲考查布特爾（Bootle）學校中教師所組織的對於破壞學生精神的事實的特別委員會，已將其考查的結果呈報於布特爾市參事會（Bootle Borough Council），特別委員會的意見，以爲所主張的事實已經證明，但是參事會將這證明的字樣刪除，而加入『其主張的事實爲相當考查的原因。』其特別委員會的建議，被市參事會所採納的，是將來任命教師時，他們應當從事於養成學者有尊敬上帝及宗教，以及尊重國內民事及宗教的制度的習慣。」

由這一點來觀察，其他各處的情形雖然不得而知，但布特爾顯然是沒有虛心之可言。或者深望市參事會派員往戴頓（Dayton）及田納西州（Tennessee）考查，採取最好的方法改良。但以我的眼光看來，似乎沒有必要，因爲從他所決議的言論來看，布特爾似乎是昂然而不需要他人的指導。

勇氣的世界，是身體的英雄主義及智慧誠實的主要元素。眞正的世界，往往是我們所想像不到的；有生之初，從事於不定的歸納，而使精神的習慣和外界自然的法律相符合。一切智慧的制度如基督教主義、社會主義、愛國主義等，都和孤兒院相同，縱使可透過服務以安全的報酬、自由、精神和生命，但比不上受到法制規範的生命來得溫暖與安樂。只有法制能在嚴冬風雪的時際予人溫暖的感覺。

這裡產生了一個難題：良善生命從群眾解放的範圍是怎樣的呢？我不採用「群性」（herd instinct）一詞，因爲這和正確的意義相衝突。但無論何種解釋，所表示的現象，都逃不了智慧的範圍。我們所欲與並立者是一向願意參與合作的團體，如家庭、鄰人、同輩、政黨或國家，因爲摒除了合作便沒有生命的愉快。情緒是最易傳染的東西，當群情同感時更是明顯。如當開會演說群情激烈的時候，不受刺激而不動心的很少，如果是反對派，那麼他那反對的情緒便更加激憤，但反對派也唯有能得其他群眾的贊助者能起而反對，不然一人的力量絕對不敢，這便是宗教團體能給受虐待而死者安樂的道理。可是，我們的教育將迎合這種合作的欲望呢？還是要減少呢？兩者都各有所持的理由，所以我們正當的解答在於折衷，而不在乎偏於一端。

以我的私見來說，對於愉快和合作的欲望應當強大而合度，但在重大事件發生時，應能爲其他欲望所折服。關於愉快的欲望已在論感覺時說及，沒有這種欲望，我們便都要變成愚夫蠢漢。凡是一切社會團體，自家庭以上，都不能存在。假使兒童沒有得其父母歡心的欲望，要想去教育他，恐怕不是一件容易的事。

我認爲一個人的生命，他的環境和才能非特別出眾，其大部分都受所謂「群性」所管轄，不受它侵入的範圍都很小；這很小的範圍，便是他特別能力的所在。例如：某人若沒有對於眾人所稱譽的美人加以稱譽，我們便覺得這人很愚昧，因爲各人的擇偶，必有他個人特別獨立的感想，而不能以一般人的感想爲依據。至於判斷尋常的人，雖然和一般的意見相同，固然沒有關係，但在產生愛時，自然應有他獨立的感想。由此可推及其他事件都是如此，農夫對於他的耕地的肥瘠和收穫的多少，判斷固然應該以科學爲根據，但應有他個人的意見。經濟學家對於金融問題當眼光獨到，和尋常人的附和他人不同。因爲凡有特別能力之處，便應該獨立。可是我們卻又不可一意孤行，與世無關，和刺蝟一樣使人看到牠身上的刺而不敢親近。因爲我們人類日常的活動，處處需要合作，而合作須依天然的基礎。然我們對於所熟知的事物，應該都有自思自覺的能力，重要時刻有發表爲大眾反對言論的勇氣。這種廣大的主義，要適用於特別的事情，或許免不了困難，但較之今日的世界，具有前面所述美德的人，當然是很容易。

社會每一分子都爲良善教育所養成而具有活力、勇氣、感受性及智慧的人，那和今日的社會自有天壤之別，不幸的人必定很少。今人一切不幸福的原因如：懦弱、貧窮及性生活不滿足等，將完全歸於消滅，人人可得健康壽考。有感受性便有革去由工業革命而產生弊害的欲望，有智慧便有改革的方法、有勇氣便能實行。今人性生活的不滿足，一半由於教育的不良，一半由於有力者和葛蘭黛夫人（Grandy）的虐待。假使女子都沒有性慾的恐懼，那麼不滿足的事情自然歸於消滅。一般人多以爲恐懼爲養成女子美德的唯一方法，而從身體方面及精神方面教訓膽怯的人。因此在女子方面，所謂「愛」便破碎無存，反而增長了男子的凶暴，遺留給子女不良的性格。倘若從此糾正，一代之後，其子女都長育於寬大、慈愛、自由之中，那麼今日的所謂苦痛，必將一洗而空。在現狀下的我們，之所以忍受凶暴痛苦而不言，是由於懶惰、膽怯、魯鈍。而這種特質，便是不良的教育所養成。因此，我們所當注意的在於教育，只有教育是創造世界走入新領域的關鍵。

之後，再就一般的原則而作具體、詳細的論述。

第二篇 品性教育

第三章　一歲兒童

一般教育家對於人生的第一年，從來沒有把它列入教育的範圍裡看待。至少在未能言語以前，完全是歸於慈母或保母看護，認爲這是合於自然而能適應兒童的需要。但其實他們不知道第一年到底應當如何撫養。因此，兒童在一歲死亡的便很多，得以生存者也不免身體敗壞、健康喪失，因爲教養的不當，便造成精神上不良習慣的本源。這一類事實，直到近世才漸漸的發覺。但自從科學的養育方法發明以來，卻往往受到人們的憎惡，因爲科學的養育法，一般人都認爲足以擾亂母子的感情。殊不知感情和愛，是不能並立的；因爲父母愛子女，當然是希望他生存，並且應該用賢明的方法以圖謀達到這種目的，因此沒有子女的或如盧梭之類的人，他們都樂於將他們的子女置於孤兒院之內，這正是因爲他們的感情很濃厚。凡是今日曾受過教育的父母，大都希望知道科學的言論，那一般未曾受過教育的人們，如果他們能誠懇的學習當父母，那麼絕不會有大量夭殤的結果。因此，如果方法更精確、看護更周到，那麼嬰兒的夭殤率必定更加減少。不但夭殤者減少，生存者也必定都能獲得精神充實、身體康健的美好的結果。

身體的健康問題，嚴格的說，不在本書的範圍之內，而應讓醫學家去解答，我所要說的不過是有關於心理學的方面罷了。但兒童生活的第一年，身體與精神的兩方面很難區別，假使對於嬰兒專門注意心理方面，到成長時期便會發覺到一種謬誤。所以我們又不能嚴守著本書的範圍而不加以論述。

嬰兒初生，也有反應（reflex）和本能（instincts），但沒有習慣。在胎中雖然或有某種習慣，卻都因爲不適於新情勢而廢棄，即就呼吸而論，有時也非教不可，偶有因學習不夠快而死亡的。本能中最發達的是吸奶，嬰兒像是久已知道一般。可是對於生活的其他方面，卻茫然如浮大海，不知其所以，日夜只知睡眠。兩星期以後，開始發生很大的變化，由定時的經驗獲得許多的期望。這種期望的保守性，比之後任何時期所獲得的都來得大。嬰兒養成習慣的速度令人吃驚，凡是獲得一種不良的習慣，便是以後善良習慣的阻礙，所以養成嬰兒第一習慣的重要性便在於此。如果第一習慣良善，便可以省卻以後無窮的煩惱，並且早年所獲得的習慣，到成長以後簡直和本能一樣。

凡是現代受過教育的母親，都知道嬰兒的飲食須有一定的時間，不可在他哭泣的時候便任意給予，這是考量嬰兒消化的原故，但自道德教育來觀察也不得不然。嬰兒比成人更加狡猾，假使他知道哭泣可以得到更好的結果，便將從此而哭泣。及至成長，便養成了怨嘆的習慣，雖然加以安撫也不能使他滿意，並且必定以世人的冷淡無情而產生出畸形的性情。假使在他怨怒的時候能獲得安撫，那麼他從小所養成的不良習慣必定是日增頑固而牢不可破，例如富家子弟便大都如此。在嬰兒時期，沒有適當的看護方法，到成長時不是懷有怨懟之心，便是養成固執的習性。所以自從初生時期，便是訓練品性的開始。

對於嬰兒，必須恩寵和忽視並施，而處之得宜。凡是關於健康的事應該立即去做，風雨的時候，應當趕快抱入室內，免於受寒傷風，但是在無故哭泣的時候，應當任憑他哭泣，不然，一加溫存，便漸漸成爲任性的性質。當看護時，不宜於過分殷勤，作無謂的舉動，應當行使的當然必須行使，但不可在行使時表示過度的愛憐。在任何情形之下，都不宜視為掌上明珠一般而深怕違反了他的意思。兒童固然不能有成人的習慣，但千萬不可阻止他這種習慣的養成。

嬰兒教育最困難的問題，是父母處置得宜，對於健康須小心謹慎，留心看護，但這種事實在勞心費力並且需要時間，不具有十足愛心的父母很難做到。就算是有十足愛心的父母也難以用之得當。凡是盡力看護子女的人都是過於重視，偶一不慎，兒童察覺父母的意思，便因此而發生「自大心」，於是養成「一任己意」的習慣。成長以後，社會對他的眼光和態度完全不和他的父母相同，結果他便不容於社會。所以一歲及以後無論何時，父母應當對待以和樂愉快，即有疾病，也必須視為當然的事，以鎮靜的態度處之。從前對於嬰兒，過於愛惜，以為他四肢不自由，穿衣過多，不能活動，因此從而撫摸歌聲安慰，搖擺舞弄以使他愉快。我們考察這種舉動，便是根本錯誤，因為除了養成他的依賴性以外，完全沒有良善的存在。所以適當的規則是——鼓勵他自然的動作，而不使他依賴他人。如果能夠使他自己動作得到成功，便可以賞賜他一種快樂，這便是使他自覺「並非得之於人的援助」的快樂。今日的新式教育，在將外界的訓練減少至最低的限度；而使他得到一種內部自己的訓練，這種訓練，在一歲的時期最易獲得。例如，當你要兒童入睡的時候，不可以將睡床上下左右的推動，或抱在懷裡，或在他旁邊使他看見。如果一次這樣做，那麼下次便非這樣做不可；幾天之後，要兒童入睡便成為一種最困難的事。所以應當先使睡床溫暖、乾燥、安穩，然後輕輕的放在床上，隨即離開。如果遇到哭泣，便聽憑他去哭泣，只要是沒有病痛，經過幾分鐘自然會停止的。如在停止以後，我們去看他時，他一定熟睡著。如能這樣做下去，我們敢決斷的相信，對於健康和特質兩方面，較之撫摩搖擺更有益。

嬰兒初生的時候，僅有反應和本能，而沒有習慣，前面已經說過。所以世界並不是「客體」（object）所組成，因爲須由屢次的「經驗」而後才能「認識」，由「認識」以後才能發生「客體」的觀念。如搖籃的感覺、母親胸部的感覺和味道、母親和保母的聲音，都易於熟習。母親和小睡床的形狀，在以後才能知道，因爲初生的嬰兒不知集中視線和分別形狀。例如：視、聽、嗅、觸各器官須聯合習慣合而爲一，感於此即覺於彼，然後才能有「客體」觀念的產生，但仍然不能知道人和物的分別。例如有一嬰兒，一半的時間以母乳親餵，一半的時間以奶瓶餵奶，他對於母親和奶瓶的感覺便沒有什麼差異，在這時所給予的教育，應該純然用身體的方法；他的愉快是在於身體，如飲食、溫暖。他的痛苦也是在於身體，如饑餓、寒冷。他舉動的習慣，多產生於尋求愉快而避免痛苦。嬰兒的哭泣，一半由於感覺到痛苦而一半要尋求愉快，在起初自然僅僅是因爲感受到痛苦，但因爲他受到痛苦而哭泣時便設法替他解除，因此當嬰兒想要愉快時便哭泣，於是這哭泣便不是爲了身體的痛苦，而是他「智慧」最初的勝利。可是，他爲了要得到愉快的哭泣，和感受到痛苦時的哭泣顯然是不同，做母親的人一聽到他的聲音便能辨別，如果是賢良的母親必定是置之不顧。如果因此而舞弄歌唱，自然容易使嬰兒快樂，但是他日後時時刻刻期望這種快樂，因此而妨礙他正當的睡眠，因爲在這時期的嬰兒，除了飲食及身體上必需的作爲以外，應以終日的睡眠爲宜。有人或許認爲此言太過，但依據我們的經驗來觀察，卻非常有益於嬰兒的健康和品性。

凡是大人替嬰兒所準備的歡樂，應當有一定的限制，而他能自己獲得的歡樂，應該儘量使他達到。最初應當予跳躍的機會以鍛鍊他的肌肉，從前的父母，將嬰兒用布包裹起來，使他的手腳不能自由動作，一方面表示他們的愛護，一方面可以免去時時照料的勞苦，可是因此便發生了絕大的弊害。嬰兒一到能集中視線的時期，便以觀看行動的「客體」爲愉快，尤其是喜歡看空中飛舞的東西。但他所得到的歡愉之物卻很少，到能用手抓握他所看見的物件的時期，便立即加多。這時的嬰兒，能夠在醒時練習抓握，足以得到長久的愉快，搖物取樂也是在這時期發生。在這種情形之前，是手指和腳趾的使用。起初，腳趾的動作全是反射；自後嬰兒知道可以動作如意，便會像帝國主義征服外國那樣的感到極端的愉快，而知道腳趾和自我是一體而不是特立的異物了。自此以後，假使有適當的物件在他所能接近的範圍以內，必定得到無窮喜悅。所以兒童的喜悅除了有害於身體的以外，大部分是教育所必需的。

嬰兒初生的三個月當中，除了飲食的時間之外，是他最不安的時期。當安慰的時候便昏然而睡，醒後便覺得不安。人類的幸福完全賴於精神的能力，而未滿三個月的嬰兒絕對談不上這一點，因爲既沒有經驗，又不能作肌肉的指揮。禽獸初生，享樂的步驟來得比較快，因爲大都是依賴牠的本能而少依賴經驗；而事物爲嬰兒的本能所能做到的，愉快的興味必定很少，所以最初三個月中實在有許多的嫌厭。但要他有充足的睡眠，這種嫌厭卻又是不可缺少的事，如果多做娛樂的事以得其愉快，便不能使他有充足的睡眠。

兩三月後的嬰兒，便能學習笑態，並且能感覺到他人對於事物的感覺和他不同，母子之間也漸漸能發生關聯，當他看見母親在他面前便表示愉快。這時相應感覺的發達，絕不是禽獸所能做到的；不久，希望他人讚美的心繼續的發生，以我的小孩子而言，當他五個月的時候，他能將桌上沉重的鈴子舉起，一面搖一面回顧旁人而微笑，那得意的狀態一望而知。從這時以後，教育者便當有一新利器來對付他，這利器便是「讚賞」和「切責」。這種利器，在兒童時期運用，很有效果，但是要十分謹愼，用之得宜。在一歲時絕不可有過度的切責，以後應該逐漸的運用。讚賞的危害較小，然不應當輕於運用而喪失價值，又不可過度運用使得刺激過甚。當他起初能行動或言語的時候，自不能不加以讚賞，因爲兒童費盡多少心力才能克服一種困難，便以讚賞作爲給他所應得的報酬，這自然很適當，並且可以使他知道父母對他抱有多學的希望。

大體而言，嬰兒學習的欲望很強，父母只要予以機會而使他努力便已足夠。至於教他爬行、步走，或其他肌肉的指揮，都不必要，我們固然要對嬰兒言語，教他說話，但多教卻未必有益。兒童自己學習步行，固然不能制止，如果去強迫他便不當。人生最足以鼓勵的，是對於新的困難能得解決制勝的經驗，但這種困難不可太大，使他灰心；又不可太小，因爲太小便不足以鼓勵，從生到死，這是根本主義。成年人對於嬰兒之所能爲，必須求其動作的簡單而使兒童願意自己去體驗。如搖動玩具，必須使兒童自行試驗如何動作，因爲他人所作爲的不過是刺激他的野心，那作爲的本體完全是無教育可言的。

有規則、有秩序，是兒童初年最要注意的目標，而以一歲時更加重要。飲食，睡眠及排泄，從初生時便應當養成一定的習慣。對於環境的熟習，在精神方面非常重要。因爲使他認識，免於過度的努力，和產生安全的感覺都在於此。我有時以爲自然爲單純不變者乃全是出於求安全的心，但從反面來說，如自然的法則一旦變更，那麼我們便將盡歸滅亡。嬰兒過於柔弱，必須使他安心，如果事事都有一定的規則，那自然是更覺得幸福。稍長，冒險的心逐漸發達，如果在一歲時，卻萬事都足以使他驚駭；所以只要能力所及，絕不可使他有恐懼的感覺。如在疾病時，父母雖然非常憂慮，也應該盡力掩飾，不可有明顯的表現，不然，便被兒童所察覺了，對於一切足以發生衝動的事物都要盡力的避免。不可以使兒童知道父母關心他的飲食睡眠及排洩，以養成他自大自重的心。不然，兒童便會以父母所關心之事反覆舞弄，以求得到愉悅。這種事實，不但在一歲時是如此，便是在以後的各時期也是如此。但在一歲所學得較以後所學得的來得快而格外牢記，不可以爲兒童是無知無識便忽視而不過問。

總之，對於嬰兒，雖然他將來應獨立於世界中而應有敬重的心，但絕不可犧牲他的將來以圖我們目前的便利，絕不可視之太重以爲當時的歡愉，因爲這兩方面都足以爲害他。所以我們要得到相當的結果，非將「愛心」與「知識」合而爲一不可。

第四章　恐懼

以下各章，是我對於兒童從二到六歲間品性教育方面的意見，兒童到六歲時，品性教育應該完全的實施；換句話說，六歲以後所需要的美德，應當任憑他由已經存在的良善習慣，和已經被刺激而興奮的野心自然發達，但六歲以前沒有受到品性訓練或受過而不良的兒童，自然還談不到這個。

我認爲兒童滿一歲時，他的健康、幸福和品性的基礎，已由前章所述的方法而得到十分完滿的效果。或許有些雖然經過父母本著現今的科學方法盡心看護，身體仍未健康，但比例一定是日漸減少，即今日所有的知識若能周到的運用，其比例也一定只能夠達到極少數的程度。對於兒童早年沒有受得良善訓練的，我不加以討論，因爲這問題多半屬於學校，而不是屬於父母，這裡所討論的範圍，可以說是完全對父母而發的。

兩歲的生活，可說是屬於最幸福的時期，步行言語都是新得的才能，增加他的自由和能力。這兩者的能力日益發達，能獨立遊戲，而具有活潑的知覺、觀察世界，比起成年人的觀察全世界的事物的能力更擴展。如：花、鳥、河、海、汽車、輪船，都能予以無窮的愉快和興味。好奇心沒有界限，而「想看」是這時期最普遍發達的一種。當兒童久禁於臥床之間，一旦任意走動於花園之中或海邊，實在足以發生莫大的歡愉。在這時期的兒童，消化力比起一歲時強大得多，飲食的種類也同時加多，所以咀嚼又成爲他唯一享樂的事。

和步行、急跑同時發生的是畏怯。初生的嬰兒易於驚嚇，華生博士和他的夫人（Dr. J. B. and Mrs. Watson）發現最令嬰兒驚嚇的是巨響和下墜的感覺。到二、三歲時，又產生一種新恐懼的心，但這究竟是源於本能與是否受到提示的程度，便成爲爭論之點。我們不能以一歲時沒有恐懼心的事實便認定他沒有這種本能。因爲本能的展現，成熟的時期不定。便是極端的佛洛伊德派（Freudians）所說：我們絕不能認爲性的本能在初生便已成熟，兒童到能行動的時期相較於不能行動的時期，恐懼心之範圍更廣，所以他的本能完全是應需要而興起。這一點對於教育非常重要。使他發生恐懼的心，完全由於提示而來，那麼在事前只要不示以恐懼及嫌惡的事物，便足以防止。

米切爾博士（Dr. Chalmers Mitchell）在他所著的《動物的幼年時期》（*The Childhood of Animals*）一書裡列舉著許多的觀察和經驗，表明幼年的動物大都沒有遺傳性的恐懼心。除了猿猴和少數的鳥類之外，對於牠的仇敵，像是蛇等，如果不是牠的父母告訴牠，那麼絕沒有絲毫畏懼的意思。兒童在一歲時，並不畏懼獸。華生博士教一兒童畏鼠，當取出鼠的時候在鼠頭後猛敲銅鑼，聲音非常可怕，鼠的形狀和銅鑼的聲音相應起來更是可怕，因此，兒童對於鼠就感到十分的驚恐，但最初幾個月的嬰兒，絕沒有畏懼禽獸的本性，對於黑暗也是如此，當嬰兒在沒有經過黑暗爲可懼的提示，絕不會有恐懼的心。其他尚有更有力的根據足以證明，素來所認爲本能的恐懼其實都是由於學得，如果成年人不去創造便無從發生。

爲明瞭這個問題，我對於我的兒女會留心觀察；以我的判斷所及，在一歲裡是否有恐懼，實在和華生博士的理論相合，在兩歲時沒有恐懼禽獸的心，但我的幼女曾有一次看見馬而發生畏懼，這或許因爲馬走近時跑得太快，經過時又大聲的原故，我的幼女現在仍然是在兩歲時期，再來我略述我的兒子。當我的孩子在兩歲時，保母膽小怕黑，這孩子不久也學得這種恐懼（起初我並不知道）；看見黑狗和黑貓便連忙逃避，看見黑茶几也有些悚然，到天將昏黑的時候，便要開明室內各處的電燈。當他一次看見他妹妹的時候竟也發生畏怯，以爲她是一種奇怪的動物。（這種恐懼，我以爲和恐懼自動小人形的玩具相同，他看見妹妹時，那時妹妹正在睡覺，他以爲是一個小人形的玩具，之後卻看見玩具動了起來，因此而驚駭。）凡是這種種的恐懼，想必是從保母學得的，保母脫離他以後，這種恐懼便逐漸的減少。但其他尚有和這種不同的恐懼，在保母未來之前便有因爲看見東西而恐懼的事，如看見物件的動作而驚懼的，例如看見影子、自動的小人形、玩具等便產生恐懼。我從觀察的結果知道這種恐懼在兒童時期是尋常的事，可想是出於本能。威廉・斯登（William Stern）在他所著的《兒童早期心理學》（*Psychology of Early Childhood*）「恐懼奇怪的心」一節裡，很詳細的討論這件事。現在節錄如後：

> 這種恐懼的特別現象，當兒童最幼的時期更爲明顯，從前的兒童心理學家從沒有加以注意；到近來才經過格羅士（Groos）和我們發現。格羅士說：「看見不常看見的東西而恐懼，比看見已經知道的危險而恐懼更深，似乎更加出於天性。」假使兒童看見非尋常的東西，便發生三種步驟的事態。第一、對於該物全然沒有印象，絕不會注意；第二、

或使他十分注意，但沒有任何不安的心，可是他的求知心卻是非常的迫切；第三、忽然看見非常的事物發生，匆促間無從判斷，而心煩意亂，便產生恐懼奇怪的心。格羅士指明這種恐懼奇怪的心是出於本能的恐懼，是生物學上不可少的東西，而世世代代遺傳著的。

威廉・斯登曾列舉種種事實，如看見雨傘忽然張開，以及看見會動的小人形玩具便產生恐懼，也包羅在內。前種恐懼，在牛和馬的本性上更是表現得明顯，雖然是一大群的牛馬，也足以使牠們恐懼而飛奔逃避，我曾親自做過這種試驗得以證實，我那小孩子的這種恐懼，正和威廉・斯登所描述的相同。我用手指在壁上照影，使他照樣的學習，不久便知道影子並不可怕而且有趣。這種方法，我曾移用於自動的小人形玩具，以後便也不再恐懼。但是那機械而不能目見的東西要使他不畏懼便比較困難。有人曾送給他一張坐墊，用手按或是坐下的時候便發生出一種哀聲，令他恐懼很久。要想即刻解除他的恐懼很難做到，因此先在較遠的地方按壓著，他的恐懼隨之較小，後來逐漸的移近，反覆的按壓著，直到他不恐懼為止。大凡起初使他恐懼的東西，到一旦被他熟習的時候便發生同樣的歡愉。我認為凡是不合理的恐懼，萬不可置之而不問，應當逐漸的使他和所恐懼的東西相熟習。

我在其他正當的恐懼情形之下，卻採取完全相反的方法（或許不適合）。我曾在海濱居住半年，那岸壁都是峭立著的，我的孩子並不知道高的危險，如果沒有人加以阻止，他便直前不顧。一天，我們坐在斜坡上，距離平地有一百呎的光景，我將事實告訴他說：「如果你走下那斜坡的邊緣，便要墜落變成粉碎，和盤子墜落在地板上一樣的破碎。」（他曾經見過盤子掉到地板上的破碎的形狀。）他呆呆的坐了好久，便反覆的自語著「墜下」、「破碎」，感到憂慮，而且急著離開那斜坡，這是在他兩歲半的時候，從此以後，便發生了恐懼高處以保持他的安全的意念。當他三歲九個月的時期，從六呎高的地方跳下而不恐懼，如果不加以阻止，雖是二十呎高的地方他一定也要跳下。我如此教授他了解事物，並未曾發生過度的結果，我完全是以此爲「教導」，而不是「暗示」，當加以教導的時候，任何人是不覺得恐懼的。我認爲這在教育中非常重要。對危險合理的了解是必要的，而恐懼則不可。兒童如果沒有絲毫恐懼的心，自然不能了解危險的事，但那恐懼的成分，如果不表現於教授者，必定大爲減少。當成人看護兒童時，應當無所恐懼，這便是女子應當養成勇敢與男子無異的理由。

當我的孩子三歲四個月的時期，我和他到外面去遊玩，在途中看見一條蛇，他雖然曾經看過蛇的圖形，但沒有看見過眞蛇，更不知道蛇是能夠毒人的。所以他看見蛇的時候便十分愉快，當蛇離開我們的時候，他仍然要跟隨在蛇的後面，我知道他一定追不上蛇，便不加以禁止，也不告訴他蛇有如何的危險。但自此之後保母不許他在草叢之中行走，恐怕有蛇埋伏著，因此他便產生了一些恐懼的心，但也並不過度的恐懼，這種恐懼的分量並不超出我們所預期的大。

最難消除的恐懼是海。當我的小孩子兩歲半時，第一次帶他玩海水，起初幾乎完全做不到，他怕水的冰冷和浪濤的聲音，如果在浪花大的時候，即便是靠近也不敢，這是一般膽怯的時期，如禽獸、怪聲，和許多的事物都足以使他驚駭。因此我們便將他放在距離海很遠的小游泳池裡，聽憑他自己玩耍，使「怕冷」的勢力逐漸消滅。四個月以後，已樂於在沒有浪濤的淺水中遊玩。但如果將他放在深處，水浸到腰部時，仍然免不了驚叫。隨後我們又使他先在不見波浪的地方慣聞巨響，之後再帶他到能見波浪的地方，使他知道波浪到底是怎樣的東西。於是由這種種的事實和我們援用著其他兒童的先例，最後使他立在波浪中而不恐懼。我深信恐懼的心是出於本能，而並非由於暗示所致。到次年夏天，當他三歲半的時候，我們又如法炮製，他仍然有畏懼的心，經過幾度的解釋和安慰，並且使他看見其他兒童在水中遊玩洗浴，仍然是沒有用，因此，我便採用舊方法，當看見他膽怯的時候，便向他表示一種羞恥的態度，當他勇敢的時候，便極力的讚賞他。在兩星期之內，每天都把他捉入海水及頸的地方，不管他的哭泣爭持。因此，他恐懼的心一天一天的減少，以後甚至求人帶去一同玩海水。在兩星期之內，我們的目的完全達到，對於海水便不再有畏懼的心。自此以後，便隨他完全自由，當天睛而炎熱的時候，他便自動的去玩海水，非常的快樂。可是他恐懼的心並不是已完全消滅，實在是一部分被自尊心所壓制著的原故。但是熟習能使他的恐懼減少，以至於完全消滅。他妹妹現在僅有二十個月，卻絕沒有畏海的心，往往直行入水，並沒有絲毫的顧慮。

以上所言，看起來和我所贊成的新理論似乎有不合之處。使用強制的事情固然應避免，但為克服他的恐懼起見，有時卻又不可免。假使兒童有不合理的恐懼，並且恐懼心很強，而任其自然，那麼他便絕沒有應具的經驗可以知道自己無恐懼之必要。如果使他反覆經驗而沒有妨害，那麼「熟習」可以阻絕恐懼，但這種恐懼的經驗僅僅是限於一次，便全然無效，所以應當用多次的經驗使他達到不驚駭的程度為止。如果這種必要的經驗，可無須強迫當然是更好，如果不然，那麼用「強迫」相較於任他「永遠懷著恐懼的心」至少要好得多。

此外還有一點，以我的小孩子而論，克服恐懼的心便是非常快樂的事，因為可以增長他的自尊心，當他見到人家讚賞他勇敢的時候，便成天的愉快著。到稍長的時候如果仍然有恐懼的心，一旦被其他的兒童所恥笑，要想獲得新的習慣便更困難。所以我以為使兒童早年除去恐懼的心且教他冒險，是一件極重要的事。在必要時，不妨採用較嚴的方法。

父母對於他的子女，如果過於放肆而一味的寵愛，不加以合理的教養，那必定會誤了他的終身而無從悔改。現在我舉一例，便可明瞭過於寵愛的危害：當我的孩子兩歲半時，他本是獨臥一室，那時他很滿意保母的這種主張，所以每夜都能熟睡。一夜忽然發生狂風，窗格猛然作響，他便受驚而醒，放聲大哭。當我聽到他的哭聲時便立即往視，他正在疑懼不定，隨即爬到我懷裡，那時他心正在急迫的跳動。不久，他恐懼的心便逐漸停止。但當時他說過於黑暗，因為那時每天都是熄燈而睡的。我離開他的時候，他仍然不免懷著恐懼的意念，因此我便整夜開著燈。自從這事發生以後，每夜啼哭，到後來才知道他是希望成年人到他面前和他玩耍以為愉快。這時，我便說明黑暗中沒有危險的事，並且關照他如果醒了應該立刻就睡，如果不然，除非有真正重大的事，便沒有人再去視察。他聽了這話以後，便沒有再哭過，也從此關燈而眠。假使我們過於寵愛而一味的順從著他自己的意思，必將使他夜夜不能入睡。

現在由我個人的經驗，進一步論到如何除去恐懼的方法：

當兒童在一歲以後，他身旁勇敢的教育者便是其他的兒童。如果兒童有同伴和兄姊，那麼同伴和兄姊便是他的榜樣，或者對他加以訓誡。凡是兄姊所能做的，他也一定去仿效。在學校裡，兒童一有畏怯的習性，便被大眾所輕視，無須教師加以特別注意。這在男孩之中固然是如此，即在女孩之中也應該具有同樣的勇敢，所幸當前學校中，對於女子都不教她們成為貴婦人的態度，並且允許她們有身體上的豪勇。但其中仍然有許多和男子不同之處，我以為應該盡力的設法完全剷除。

我所說的勇敢，純然是採取舉動的定義，是指勇敢者所能做，而膽怯者因畏懼而不能做而言。愈是沒有恐懼自然是愈好，但我不能確定的說，是以意志控制恐懼為唯一無二的真勇敢，或是最好的勇敢。現代新式性質的教育的奧妙之處，在於以良善習慣的方法得到結果，而這種良善習慣從前曾經由於自制及意志力所產生。由意志而產生的勇敢往往使神經紛亂，身體戰慄。而且受壓抑的恐懼往往表現於外，為自己所不知覺。可是我也並非說自制完全無用；如果反過來說，凡人沒有自制力便得不到滿足的生活；我的本意以為自制力僅僅應當用於偶然發生的事，而非預料所及者，因爲這種偶然的事是不能預先加以教育的。至如將全體人民訓練成有戰爭時的勇敢，雖然是可能，但事實上卻不可，因爲這種勇敢，不過是偶然的運用，況且一旦將戰爭時的勇敢加入於青年的腦海之中，對於其他一切教育便發生莫大的妨害。

里弗斯博士（Dr. Rivers）在他所著的《本能與無意識》（*Instinct and the Unconscious*）一書中，對於恐懼在心理學方面的分析最爲美滿，我非常信從他的理論。他說應付危險的情勢唯有操縱的活動力，人能把這方法運用得恰當，便絕沒有恐懼的情緒。這是最有價值的經驗，因爲鼓勵自尊和努力，便可由恐懼而至於熟練。學習乘腳踏車，是最容易的事，即可作此事之一例。在今日世界中，機械主義日益發達，這種手段尤其重要。

我以爲訓練身體的勇敢，應當使他有操縱或駕馭事物的手段，而並非使他和他人作身體上的競爭。這種勇敢，應具有登山、駕飛機、在大風中駕駛小輪船等手段，這比那互相殺戮的爭鬥勇敢，自然是有益得多。所以我們訓練學校兒童時，對於危險技能的訓練，至多和足球的程度相等便足夠了。

此外，自然應有被動的勇敢，例如能忍痛；這可以在幼時當他有小傷的時候不加以過分的憐惜而養成。凡是人們的畏痛懼傷，都是由於希望他人的同情所致，例如小小的創傷本沒有十分痛楚，可是假裝十分痛苦，便能獲得他人的憐愛和柔情。這種事件可以在兒童微傷時不許他哭泣以改善之，如果要使女子和男子有同等的美德，也非如此訓練不可。

我現在來說一說非純粹身體的勇敢，這種勇敢更爲重要，但非更從根本上著手，便很難使他完整發展。

恐懼奇怪的事在前面已經大略的說過，我以爲這種恐懼是出於本能而且關係很重大。凡是迷信的事大都由於這個。月蝕、地震、瘟疫等事，在沒有科學常識的人民中往往發生最深的迷信。這在個人與社會兩方面危害都很大，所以在幼年時應該竭力的破除。而正當的解毒藥自然是科學的解釋，最重要的一點便是使他知道凡是一切奇怪的事物的產生都是由於沒有知識的緣故，這種沒有知識的事，只能用忍耐和精神上的努力去制勝。在這裡有一樁極顯著的事實，便是從前因爲奇怪而恐懼的事物，一旦得到了解，便獲得無上的愉快。所以所謂奇怪，一等到沒有了迷信的性質，便足以助長研究的興味。

其他尚有許多和這個相關的問題，很難說明，最顯著的便是「死」。我的孩子很小的時候便知道植物和動物的死亡。當他在六歲以前，已經知道他一向所知道的「人」將有「死」的事件。由此推想，如果他的心靈稍爲活潑，必定想到他的父母也必定會死，即是他自己也是一樣會死。這種思想將產生許多的問題，以致我們不能予以答覆。對於這個問題凡是持有舊日信仰的人，比起認爲死後來生的人來得簡單。如果父母是持著後一種意見，但又不應該說出和事實相違反的話向子女撒謊。所以最妥當的辦法，可以說死便是睡眠而不醒。但是說的態度不可以過於鄭重，應當以最尋常的事看待。如果兒童憂慮死，可以告訴他非數十年之後不會發生。但當幼年時，就是告訴他不應該介意苦樂生死，這是沒有什麼益處的，可是切切不可首先提及這種問題，如果兒童自動的先提及，那也是無可避免。最重要的便是竭力使兒童知道這沒有神祕可言。

兒童除恐懼外，還可能憂慮，這多半由於成年人加以抑制所致。時時刻刻向兒童呶呶不止，禁止他的喧鬧，時時監督他的行動舉止，都足以使兒童感到困難和煩惱。我記得五歲的時候，往往聽人家說兒童時期是人生最快樂的時期，（在那時完全是虛僞的），但我常常遇到極悲苦的事，倒反願意死，因爲有的悲苦實在使我覺得不知將如何活下去。如果將這種情事對今日的兒童說，那他們一定是不能相信的。兒童的生活，由本能而言，富於希望，常常對於將來實現的事想望著，這是刺激兒童努力的一大動力。所以使兒童感到絕望、使兒童痛恨將來，簡直是斷絕他的生命之源而迫他歸於死亡。但那些假裝多情的人們仍然向兒童說兒童時期的快樂，幸而他說這話的影響不久便會消滅，我在兒童時代以爲成人的生活十分幸福，因爲他們既不讀書，衣食又很自由，這種信仰，卻很有鼓勵的益處。

羞怯，是膽小的一種，在英格蘭、中國及歐美等處很普通，而其餘各國便很少。這一半是由於不常和生人接觸，一半由於受同伴的態度影響。所以兒童在一歲以後，應當慣視生人，被任何人撫抱而不畏懼。最好使他和生人接觸數分鐘之久而不加以限制，之後再把他帶離開，這樣比較一味的使他靜居一室要好得多。但自從兩歲以後，每天應當教他用一部分的時間安然自尋快樂，如塗鴉、塑泥型，或其他的器具，因爲必須有清靜的時間，然後才能了解，態度舉止除在愉快的遊戲外，不可用抽象的方法去教導，等到他漸漸到達能了解的程度，便應當知道父母有父母的權限，必須予他人以自由，而其本身在應有的範圍之內儘量自由。兒童對於道理最容易了解，凡是人所給他的，他也樂於給人，這是良善態度的中心。

最應注意的，要兒童不恐懼，應當先要自己本身不恐懼。例如在雷霆之下，自己先有恐懼的態度，兒童便立即受到感染。如果自己表示社會革命是無上的可怕，那兒童不知道所說的是什麼事，必定更加懷著恐懼的心。如果自己畏懼疾病，那麼子女一定也是同樣的畏懼。在生命的歷程中，固然有無窮的及不可預料的危險，但有智慧的人能置其所不能避免的危險於不憂，而對於他所能避免的危險加以安然謹慎的防範。人不能避免死，但可以在死前做成他的遺囑，遺囑既立，死是可以忘卻的。對於災患的合理準備，並不是爲了恐懼，更和恐懼的性質不同，這原是智慧的一部分，而恐懼是全然無益的。

第五章　遊戲和想像

只要是動物，無論是不是人類，當幼小的時候，都同樣是喜歡遊戲的。而在兒童的遊戲，往往由於「假裝」（pretense）而發生無窮的愉快。「遊戲」和「假裝」，是兒童時期所不可缺少的，所以要求兒童的健康和喜悅，必須替他設想種種的機會。在這裡緊接著有兩個問題要討論的，便是父母和學校對於這種機會的設想如何？和是否應當更進步而增進遊戲上之教育的使用？

現在先說遊戲的心理。格羅士對遊戲的心理曾有詳細的論述，威廉・斯登的著作裡也提到，在前章裡已引論過。因此又發生了兩個問題：第一是產生遊戲的動機，第二是關於生物學上的實利；第二個問題容易討論，今日多數根據這個而作理論的採用。任何動物，在幼時所演習的行動，都是將來所應該具備的起點，對於這一點，我們似乎沒有可以疑議的餘地。小狗和小狗的戲弄，直像打鬥一樣，其實並不是眞咬；小貓和小貓的戲弄，和捕鼠相同，也不是眞齧。兒童看見他人的行動便樂於仿效，如建築掘挖等工作，對於他的關係更切要的，便更加樂於戲弄。凡是足以給他們肌肉上的便利，如跳躍、爬行、步行於狹板上，沒有一樣不樂於體驗的。這一說，大體而論，雖然可以表現遊戲動機的利害，然不足以包括所顯示的全體，自然不能視爲心理學上的解析。

有許多心理分析學家，想從兒童的遊戲中觀察兒童性慾的表現，這可說是距離事實太遠了。因爲兒童時期本能的衝動，和性慾原沒有關係，只是期望成人的欲望，兒童往往有不如成人的感想，所以很想和成人相等。例如我的孩子，一天他了解到他將來會長大成人的時候，並且知道我也是由兒童所長成，他便非常的欣喜。由此我們可以知道兒童因爲了解到成功所發生的努力是如何的了。兒童在小的時候便要學習成人的行爲，他的兄姊的能力和他相距不遠，更足以增長他的興味。不如成人的想法既然是如此的強烈，只要教育得法便足以激發他的努力。如果加以抑制便成爲痛苦之源了。

在遊戲中，要完成能力之意志的形式有二：那便是爲學習而作事物的形式，和幻想的形式。成人在失意的時候，常常懷著空想而有性的意味，所以兒童常常爲「假裝」而含有能力的意味。以我的孩子而言，他喜歡當巨人、獅子或火車；我曾告訴他喬克（Jook）殺巨人的故事，我要他當喬克而他卻想要當巨人。當他的母親教《藍鬍子》（*Bluebeard*）的故事時，他堅決要做藍鬍子，認爲妻子不服從應當加以科刑。他常常玩一種殺戮的遊戲，將女子的頭斷去，這種行爲本來很殘酷，但他認爲是無上的快樂。在這種「假裝」之中，其共同要素是「能力」而不是「性」。一天，我偕著家人出外散步，返家時，便以嬉戲的態度對他說：「我們房屋恐怕被人強占不許我們進去了！」那次之後，每當我回家時，他便站在門口，裝作那強占的人，不許我進去。由此可以見得他非常喜歡這種遊戲，而以「假裝」的能力爲樂。

可是，如果說兒童遊戲之源是要完成他能力的意志，這也不適當。兒童往往喜歡假裝恐懼，或者因爲這種假裝足以增進他完全的感覺。有時我假裝鱷魚，做出吞食孩子的樣子，他以爲眞的是鱷魚，便大叫起來。我見他恐懼便立刻停止，但當我停止的時候他卻對我說：

「爸爸，再當鱷魚！」此種假裝，實在有無窮的愉悅。所以我認爲「好奇心」在這種遊戲中也占著一部分地位。如假裝熊，兒童便似乎覺得明白了熊的爲物。所以在兒童生活中一切強大的衝動都反射於遊戲上。而「能力」在遊戲中常和在欲望中程度成比例。

對於遊戲的教育價值，都稱讚它足以養成新習慣的人們，多懷疑「假裝」。成人的幻想，我們可以說那是一種疾病，但成人往往將他的幻想替代眞正的努力，或者將他對於幻想的懷疑，轉而懷疑兒童的「假裝」，這眞是錯誤到極點。蒙特梭利的教師們不願兒童們將玩具轉變爲輪船火車之類，而說這種轉變的舉動是「無秩序的想像」（disordered imagination），這話非常中肯，因爲兒童的遊戲並非眞正的作爲，對於他本身也沒有絲毫的意義。如果玩具能使兒童愉悅，那麼目的便在於教導，而娛樂不過是教導的一種手段。我們必須知道，如果是眞正的遊戲，娛樂是他主要的目的。

眞理是重要的，想像也是同樣的重要，但想像之於個人，它的發達較早，和它之於人類的全體相同。凡是關於兒童的身體所需要的，都喜於遊戲而厭惡眞實。在遊戲上他們樂於做「王」，他管轄他所及的範圍，能力遠過於尋常的帝王。事實上起居有一定的時間、飲食有一定的節制，並且要服從繁瑣的規定，自然會使他不快樂了。當他在遊戲時，如果有人從旁邊加以無理的干涉，必定要觸犯他的怨怒。假如他正在設計建築極大的城池時，在他自己以爲雖是極大的巨人也是不能做到，如果有人無意的舉起腳在那上面跨過，那他便要憤怒得不可言狀。兒童不如成人自是尋常的事情，而不是一種缺陷，那麼他求償於想像的滿足，自然也是一種尋常的欲求，而不是缺陷了。當他遊戲的時候，看見能夠得利較多的機會，便即刻轉變而奔赴，絕不專注於一事，假使他專注於一事；那他的腦子必致立即傷害。成年人的迷困於夢，我們可以加以解釋而使他覺悟，在兒童便不能如此。兒童對於他的想像並不視爲代替永久的眞實。

假使把「眞理」和「事實」混爲一談，那便非常危險。我們的生命不僅是管轄於事實，並且管轄於「希望」（hope）；我們對於屬於眞理之內的，只專注於事實而不問其他，便成爲人類精神的牢獄，迷夢所應當戒絕的便在以懶惰代替努力的時候，但當他爲刺激的原動力時，卻是體現人類理想的重要目的而不可防止的。杜絕兒童的想像，便是使他做存在事物的奴隸；使他做存在事物的奴隸，便不能脫離束縛他的地獄而創造天堂。

或許有的人認爲我的話只有一部分理由，但和巨人的呑食兒童或藍鬍子斬斷妻子的頭有什麼關係呢？難道這種事實是存在於天堂裡嗎？所謂想像，當它未供良善的目的使用以前，必不可使它純潔而高尚嗎？在自稱以和平爲目標的家庭裡，難道可以使天眞爛漫無知無識的兒童養成破壞人類生命的思想嗎？由野蠻本能中所發生的愉快，是人類所應當捨棄的，又怎能視爲正當呢？以上的疑問，是讀者必須探究的。這一點非常重要，我自然非加以解釋不可。

教育的養成本能，不在抑制。因爲人類的本能，並不明顯，所以滿足的方法，亦不限於一定的方式，但大半都脫不了「技能」。如網球和足球便是滿足同一的本能，但兒童的遊戲卻不必問他學的是什麼，我們只要教導他、給予他們這種技能，而使用他的本能於有益之處。兒童的「能力本能」，似乎可以用「藍鬍子」的事去使他滿足，到成長後便可在科學發明、人爲創作及種種活動中尋得他的滿足。假使人們所知道的僅僅是技擊，那麼欲得能力之意志必定使他嗜好戰爭，如果所知者不只這一點，那麼必定將從其他的方法中得其滿足。但在兒童時完全扼殺欲得能力之意志，將來必定成爲懶惰的人，既不能爲惡，也不能爲善。這種柔弱無能的善，非今世所需要，也不是我們對於兒童的希望。因此，當他幼小而不能爲害時，從生理方面而言，自應在想像上使他經過上古祖先野蠻時代的生活。如果能在以後加以滿足技能與知識，便絕不會僅僅保持他幼年時代的程度。我記得我在幼時喜歡將頭向後垂到腳跟，如今雖然不以這事爲不當，但已不再履行。所以兒童時代喜歡演藍鬍子戲，到成長後也必定捨棄而尋找其他方法。如果他的想像在幼年時代能受到相當的刺激鼓勵，而常常保持他的活躍，到成長時自然可以用適當的方法使他活躍而實現。當他幼弱無能的時候，自然沒有抑制他道德觀念的必要，不然，他所得的結果，不過是破壞將來所必需的觀念罷了。這便是研究兒童心理成爲教育最重要問題的原因。

兒童成長後的遊戲，漸漸趨向於競爭方面，和幼時不同，因爲兒童最初時的遊戲，是單獨的，難以使他和兄弟姊妹共同的遊戲。但一旦到他可以共同遊戲時，他愉快的範圍便因之擴大，而單獨遊戲的樂趣便完全停止。英國的上流階級教育，對於學校遊戲常常伴隨許多道德，有的人以爲非常重要，但照我的眼光來看，英國的舊遊戲中雖然也有它的種種價值，但未免言之過當。舊日的遊戲，如果不過度行使，或許有益於健康，如看重特別出眾的選手，選手卻疲於過度的運動，而其他的兒童只是趨於旁觀。他們教兒童受傷時應當忍痛不言，疲倦時應當振作精神。他們自己以爲是教育兒童合作，但其實僅以競爭的形式去教育。這種形式，是戰爭上所必需而不是產業上或其他社會上所要求的。當今日科學進步，無論在經濟上、國際政治上都可用合作代替競爭，但同時又使競爭更加危險（用競爭的形式）；所以養成合作的觀念在今日相較從前，更爲重要。總之，競爭是人類的天性，必須有發洩的路，而這種發洩的路又莫如遊戲和體育的競爭。可是這雖足爲不禁止遊戲的理由，但不能使他在學校課程中占最重要的地位。我們之所以使兒童遊戲，是因爲兒童天性的喜愛，並不是因爲遊戲是危險思想的解毒劑。

在前章中對於抑制恐懼產生勇敢的話說得很多；但所謂勇敢絕不可和殘忍混爲一體，所謂殘忍是以自己的意思強加於他人而取得愉快；而所謂勇敢是置本身的患難於不顧。倘使我有機會，我必定教兒童在巨濤中駕駛小舟、乘汽車在路上疾馳或駕飛機於空中，並且我要教他修造機械，使他在科學的經驗中遭遇危險。必須使人們都知道「靜而不動」的性質是遊戲的仇敵；然後希望能力的意志可以在這裡滿足，和人與人相競爭的沒有絲毫的分別。由上述的方法而獲得的技能較之網球和足球等的用處更多，而其品性行爲的發達更和社會道德相合。體育的主旨，除道德之外，尚有智慧問題，現今的英國不但是漸漸失去產業上的地位，倘使當局者不知增進兒童的智慧，或許要因此而滅亡帝國的霸權。這種事實，都是由於過於以遊戲運動爲重所發生。進一步論，今人以爲體育的成績足以斷定人的價值，實在是在此知識發達世界中失敗的大徵兆。關於這一點，我將在以後再論述。

此外，對於學校遊戲還有一種見解，人都以爲「善」，而我以爲「不盡善」的；那便是所謂增進「熱誠爲公」。「熱誠爲公」是教育當局者所稱許的，因爲足以使他利用不良的動作而爲所謂良善的舉動。但他的困難之處，便是除了競爭之外沒有方法足以使人努力，因此我們一切的活動都被競爭的動力所吞占，毒害非常深大。如果要使某城鎮增進公產以養育該城的兒童，便必須說鄰城嬰兒的夭折率多麼低；如果要使某製造廠主採行改良的新方法，必須說出反面事實的種種危險。所以替這些事實的本體著想而改進他的組織構造，或使人努力從事而不被他傷害的，從沒有見過。這種問題固然大都由於經濟制度所致，但當前的學校遊戲也實在含有競爭的精神。如果要用合作的精神代替這種競爭，那麼學校的遊戲運動實在有變更的必要。但這話若要講便很長，絕不是本書所能盡言。我不說良善國家的建設而僅僅論述良善個人的養成，因爲前者必須以教育擴展政治的領域。個人的增進和社會的增進固然有密切的關係，須同時並舉，但我對於教育的意旨是以個人爲重；我不說良善國家的建設而僅僅論述良善個人的養成，是因爲前者必須以教育擴展政治的領域。

第六章　建設

兒童本能的欲望，起初不能清楚的區別；教育與機會的力量，能使它的結果改變。從前的「性惡」之說固然不合理，盧梭的「性善」之論也不是事實。因爲本能的本質在裡面混雜著，沒有善也沒有惡，因爲環境的不同影響，而後才有所謂善惡的出現。所以樂觀者以爲凡是人的本能，除了少數有疾病的以外，起初都可以成爲良善的形式；而那有疾病者，是極少數，幼時可以給予精神上、身體上的衛生。適當的教育可以使人依他的本能而生活，但那本能是經過訓練與培養，而不是本來固有不成形式的衝動。培養本能最重大的是「技能」，技能足以供給人的某種滿足。所以給人正當的技能，便成爲賢良，給人以不正當的技能，便成爲邪惡。

這種意見，對於「希望能力的意志」影響很大。一般人都要執行某種事務而生效果，但並不顧到所產生的效果是怎麼一回事，只是完全爲了他喜愛能力的原故。凡是成功愈難，所獲得的愉快便愈大；所以一般人都喜歡用蒼蠅釣魚，不外乎難能的原故。如對於已受束縛的鳥雀，便無心去射擊，無非是因爲易於行使而得不到任何愉快的原故。我之所以舉述這個例證，便是說人們除了活動的愉快之外沒有其他的原動力。這種主義，可以適用於各處。我因爲知道了歐幾里得（Euclid）然後喜歡數學，學習解析幾何以後就更喜歡歐幾里得。兒童起初喜於步行，之後喜於急走，之後喜於高跳，再喜於攀登。凡是易於作爲的事便不能予人有能力的感覺；但一旦獲得新技能或爲人所難能的事而得到成功，那他的快樂便不可言喻。「希望能力的意志」足以適用於所教一切的技能，理由便在此。

建設與破壞，都可以滿足「希望能力的意志」的欲望，但建設往往比破壞難，所以給予人的滿足比較大。我對於建設與破壞，在這裡不必下不同的定義；大略的說，所謂建設，是增加他發生興味事物的潛力；所謂破壞，是減少他的潛力。如果以心理學的名詞來說：產生一種新計畫的構造是建設，而變更那固有的構造，發散那自然勢力，而不問那結果的新構造如何則是破壞。但這種定義的建設與破壞，除了少數人以重新改革觀念而揚言破壞以外，都可以依實際的行爲而加以斷定。

破壞較建設爲易，所以兒童的遊戲往往先是破壞，而後爲建設；當兒童在沙沆中遊玩時，往往求成年人替他做成沙餅給他破壞。等到他能夠自動的製造沙餅時，便非常的喜愛，而不許他人加以破壞。當兒童們手中有石卵或磚塊時，非常喜歡毀壞成年人所築成的塔，等到他能自動的建築時，對於他的作爲便非常滿足，不願被破壞。兩者使兒童喜愛遊戲的衝動，純爲一物而無所區別，只是因著新技能而變更那由衝動而產生的活動。

許多的美德，大都發生於喜愛建設。當兒童請求不要破壞他的建設時，便使他容易覺悟到也不可破壞他人的，由此可以養成尊重勞動的生產，而這種生產，是唯一不害於社會的私有財產的源泉，這時又可以鼓勵兒童的忍耐、毅力及觀察；因爲捨此便不能達到他預定建築高塔的目的。所以和兒童遊戲時，應當有足以鼓動他的雄心和指示他如何做的方法；而其餘的建設便可以任憑他自己的努力。

如果兒童能在花園中遊戲，便更能養成完全建設的形式。兒童在花園裡最初的衝動是採摘可愛的鮮花。這種衝動，易於使用禁止的方法阻止他，但這僅僅是禁止而不足以說這就是教育。人都要使兒童對於花園和成年人懷著同樣的心而不亂折花木，但成年人尊重花園的心，是基於他知道產生愉快的結果要費許多的勞動和努力。因此兒童到三歲時，便可在花園中劃出一小塊區域使他自己去種植花木。當他手植的花木一旦長成，開花結實，必定覺得驚喜而珍愛，然後他可以知道父母或他人所有的花木，是同樣的可愛，而以同樣的眼光看待。

要減少無心的殘忍，應當引發個人對於建設及生長的興趣。兒童成長到足以擊殺一切蟲類時，都樂於行使；這種行爲足以引導他進而擊殺較大的禽獸，更進而擊殺人類。在英國普通上層階級的家庭，都將擊殺禽獸視爲正當的舉動，將戰場斬殺敵人視爲高尚的職業。這種態度，都由於不加訓練的本能而發生；因爲這等人大多是沒有建設的技能，所以不能有相當的方法足以表現他「希望能力的意志」。他們可以置雉鳥於慘死之地而使佃戶感受無上痛苦；有機會時會槍殺母牛或是斬殺德國人。而對於有用的藝術卻完全茫然不知，因爲他們的父母及教師們都認爲如此已經足以列於英國紳士之林了。但當他們初生時，聰慧並不在他人之下；以後的趨於不善，都是由於不良教育的影響。如果在幼時便以適當的方法，看護他的發育，使他感到人生的價值，使他了解經過許多困難所產生的事物一轉瞬便可破壞，而即時加以特質上的訓練，使他日後不再立心破壞他人所創造的事務。這種要求兒童本能的適當表現，便在於做父母的時候。但豪富的家庭，子女都請人看顧，所以我們不等到他的父母來過問時，便應該先防止他有破壞的傾向。

凡是作家，如果被未受教育的女工點火焚燒他的文稿，那他的憤怒一定不可遏止。所以對於其他的作家，縱然是仇人，但也不會焚燒去他的文稿。所以自己有花園的兒童，一定不肯踐踏他人的花園，有貓狗等寵物的兒童必定會愛惜動物的生命。凡是對於子女有撫育之勞的父母們，必定會尊重人類的生命。我們對子女之所以會憐愛，也是由於撫育之勞而產生。那對於子女沒有撫育之勞的父母們便沒有情感可言，只是一種責任的意義之存在。所以所有的父母，如果他們本身建設的動機完全發達，便一定樂於為了他的子女而受撫育之勞；因此我們對於教育上又不可不注意到這一點。

我所說的建設，不單是指物質方面而言。如表演、唱歌等等，都是含有非物質的建設；這在兒童和青年大都非常喜愛，所以雖然不必加以強迫，但也應當加以鼓勵而使他們樂於表現。以純粹的知識事件而論，也有偏於建設或偏於破壞的傾向。古文教育的流弊很大：兒童學知避免錯誤，便輕視犯了錯誤的人。由此產生了一種冷淡的正確，於是消滅了創造力，而發生了尊重名人權力的心。正確的拉丁文永遠是一定而不變的，例如：維吉爾和西塞羅（Vergil and Cicero）便是，若正確的科學，卻繼續的變化，有為的青年，都有使他進步的希望。因此由科學的教育所產生的結果，相較那由於研究死方言而產生的結果，更近於建設。凡是以避免錯誤為唯一的目的，其教育對於知識方面必定表露著乾枯的現象。所以對於一切有為的青年男女，應該使他個人的知識做冒險進取的事業。今日的所謂高等教育，多視爲養成一種優美態度的工具，只是爲了消極的避免他犯下錯誤罷了。這種教育完全忘了所謂建設，所以造就出僅僅是注意小節、缺乏冒險性和氣宇狹隘的人。如果使教育有積極的目的，這種現象便一概消滅。

兒童稍長時的教育，應具有社會建設的衝動。凡是具有適當智能的兒童，應當勉勵他運用想像力，利用現有的社會勢力或創造新勢力而想出更能生產的方法。凡是讀過柏拉圖《理想國》的人，多數不以爲他和現代政治發生關係。但我看一九二〇年的俄國情形，卻和《理想國》的記述沒有絲毫的區別，這在《柏拉圖學派》和《布爾塞維克》必定都要認爲是奇說。讀古文學的人，絕對不用思索在布朗（Brown）、約翰（Johnes）及魯賓遜（Robinson）諸傳中的名辭如何解釋。而以讀烏托邦（Utopia）一書爲更甚，因爲我們從沒有聽說在今日社會制度之中有何種途徑可以直達那種境地。在十九世紀時，英國自由主義者，對於自由所導致的結果，雖不是他們所能預料，但都具有這種美德，這大都依據個人的想像而轉移，因爲在不知不覺之中，想像是管轄著思想的。社會制度，可以從多方面看待，最普通的是「模型」、「機械」和「樹」。第一種以爲社會靜而不動，如斯巴達和中國古代的觀念便是如此：將人類的天性注入在一種已經製定的模型中而使他成爲一種預定的形式。這種觀念，在嚴格的道德和社會習慣之中都存在著。凡是受到這種想像所管轄的人，他對於政治的態度，必定是執拗不讓、堅決而暴虐。第二種以社會爲機械的比較新式，實業家和共產黨都屬於這一派。他們對於人類的天性絕對不產生興味，他們生活的目的也很簡單，多以最高的生產爲目的。他們的社會建設也是以獲得這種簡單的目的爲前題，其困難之點是人類實際上並不曾希望這種事物，而其欲望是各種紛亂的事，以有秩序的建設者眼光來觀察，簡直絕無價值可言。因此使建設者復歸於模型，以圖產生人所認爲善良的人物。由此，最後必致釀成革命。

那以爲社會制度是「樹」的人，他們對於政治的態度必定不同，機械的不良儘管可棄除而變換良好的機械，樹卻不然。如果砍伐它要變換另一株樹，要求和原樹的長短大小相等，非長期不可。機械和模型，可以由製造者的選擇而定；樹卻有它特別的性質，只能使它在同種的樹中爲善爲惡。適用於生物的建設和適用於機械的建設不同；教育職能很低下者而且要具有同情心，除了機械之外，應當使他有適用於動植物的機會。自從牛頓以來，物理學占了思想中重要的地位，並且自工業革命以後更加實用；社會機械的觀念便因而發生。生物進化論曾產生一種新的理想，但偏於物競天擇之說，而被我們以人種學、生育制限及教育學排除。社會樹的觀念比起機械與模型兩者爲佳，但仍然未曾盡善，我們應當用心理學去彌補他的缺陷。心理學的建設，新穎而特別，我們所知道的卻還不多，但這在教育、政治及一切純粹人類事務的理論中占著最重要的位置。一般人只要他不爲其他類似的荒謬所迷惑，他的想像一定都被心理學所統御；或者只因建設在人類事務中而成爲機械，因此便崇信「無政府主義」及「回歸自然」（Return to Nature）之說。我要在本書中用確實的例證表明心理的建設和機械的建設之不同，這種觀念的想像，在高等教育中應當熟知。如果能如此，那我可以說政治中的頑固強硬和破壞必定會完全消滅，謙讓的風氣會自然的發生，而男女發展的結果，也必定會獲得壯麗輝煌的美德。

第七章　自私

在這裡有一個問題，正和以上所論的恐懼一樣，其衝動很強，而一半出於本能（Instincts）卻多爲人所不喜。對於這種事實，我們應該十分留意，絕不可抑制兒童的天性。如果徒然置兒童的天性於不顧，或希望兒童去屈從那不適合天性的事，都是有害而無益的。

自私之爲物，不是最後倫理上的觀念，愈是分析，那便愈是混淆不清。但這個現象在兒童襁褓時非常明顯，所展現的問題非立即設法對付不可。人類的自私和瓦斯相同，不用外力去壓制便會膨脹不已。教育的目的，對於這事便是不使外面的壓力成爲習慣，使兒童自己心中主動的爲了觀念、爲了同情，而不是爲了打擊、爲了懲罰。而觀念所需要的是正義，不是犧牲；無論什麼人，在世界上都有應得的地位，當他要獲得這地位的時候，不宜使他產生以爲不當的感覺。如果教他犧牲，那他的觀念便不能完全實行。犧牲不足以成爲眞正完美的方法，因爲這不能使人人實踐。並且以虛僞做爲教兒童達到美德的方法，更是不可；因爲一旦虛僞出現了，美德便隨之而消失，反過來看，「正義」便足以普遍，人人都可以實踐。所以我們應當以正義的觀念注入兒童的思想與習慣。

但以正義教單獨的兒童，困難很大。因爲成年人的權力及欲望和兒童完全不同，不足以引起兒童的想像；而他們的愉快自然也隨之不同。成年人常常服從他本身的要求，所以應當由他本身的判斷，可是對兒童就不能施用這種方法。如果用以前定的適當行爲的方式去教訓他，固然可以有效，如當母親清點衣服的時候不宜擾亂、當父親忙碌的時候不宜吵鬧，當父母有客人時不宜闖入，兒童對於這些自然願意服從，但不能啟發他有任何合理的感覺。

使兒童服從此等規則，自是必要的，因爲不宜使他橫暴無忌，同時他人對於他所從事的作爲也各有其重要的關係；但以此方法教養兒童，僅僅能夠使他有外在的良善舉動，而對於正義，眞正的教育卻是由於和其他的兒童相處而發生的，這便是不宜使兒童久處於孤獨的理由之一。如果父母只有一子或是一女，當設法替他求得同伴，雖然使他離家遠別亦所不惜，凡是孤獨的兒童，非馴服無能即自私自利，或兩者同時出現。舉動善良的孤獨兒童固然是可憐，而舉動不良的兒童必定是危害。現今小家庭居多，對於這一點更應當注意。這是我們主張創設保育學校的理由之一，這在後面章節再討論。我在這裡只下一句斷言：凡一家庭至少要有兩個兒童，年齡相距不遠，他們的嗜好也一定會相近。

凡是一種喜悅，一時只能給一人所享受的，便會發生競爭的心。這種衝動，固然是爲了要求他個人本身的喜悅而排除他人的喜悅，也立刻被輪流次序而生的制度所抑制。我不相信正義是天賦的本性，但產生的速度實在不可思議，這便是眞正的正義，其間沒有絲毫的祕密偏見。設若我們愛某一個兒童甚於其他的兒童時，應當謹愼防止發生愛憎輕重的心以影響兒童，所有的玩具應當一致而沒有分別。

要求正義的心，無論用何種道德訓練，都不能制止。《仙童家族》（*The Fairchild Family*）一書在「心中祕密的罪惡」（The Secret sin of the Heart）一章裡有這樣的敘述：露西（Lucy）往往自信自己的善良，她的母親說她舉動雖然總是善良，但思想錯誤，並且加以引證。費爾柴爾德夫人給露西一本小冊，以詳記她的舉動雖源於善良內心卻很邪惡的事實。早餐時，她的母親將一條緞帶給她的妹妹，將一顆櫻桃給她的弟弟，而並沒有一樣東西給她。她便記了下來，這時她的心中非常邪惡，說她父母鍾愛她的弟妹而不愛她。她的父母常常加以訓誡，說應當以道德上的訓練克服這種惡念，她自己也很信從，但後來的結果，不過產生出一種畸形、不良的惡果罷了。因爲當父母給東西的時候，就應該給她一樣東西，或說明此次缺乏等下次再給的原因，使她能眞實的感覺，才是正確的方法。事實的坦白，可以解除困惑，只要作抑制的道德訓練，那徒然是增加了困難。

與正義有密切關係的是財產。對於這一點不能依一定的規則來論述，因爲在事實上有許多衝突之處，不能清楚區隔。從一方面說，愛惜財產往往在晚年產生許多可怕的惡果；害怕喪失有價值的物質的所有權，是政治上、經濟上最凶暴的一大原因。所以人若能以其他創造的方法謀得幸福之路，而不依賴私有財產，便會更加幸福。因此養成兒童財產的感覺非常不宜，如能避免，自然力求避免。但在未曾採行這種觀念之先，尚有反對的觀念不能不詳加討論。第一，兒童的財產感覺甚強，當他手能握著所看見的東西時（眼和手的合作）便有這種感覺了。凡是他所把握的東西，便以爲是他的所有物，如果將東西取走，便非常怨恨，沒有玩具的兒童，如果看見他所心愛的柴棍短棒或磚瓦等，便珍藏著視爲他的所有物。其財產欲望之深，難以遏制，如果加以勉強的抑制，便會產生出種種流弊。財產心如果教養得當，可以防止破壞的衝動，對於兒童自己所作成的東西，財產的價值更大，如果加以禁制，那建設的衝動亦必因而停止。

前述兩方面的衝突既如此之大，雖然並非沒有調和的方法，但我們不能依據一定的法則，而應以環境及兒童的性質做適當的調整。

有的玩具屬於私人，但有的也應該屬於公有，舉一個極端的例子：如搖搖馬（Rocking-horse）大都屬於公有。因此，我們可以得到一種結論：一種玩具人人能享受同等之樂，而每次只限一人，又爲私人經濟能力所不及，則應由公家設置。反過來說：如果玩具適於甲童而不適於乙童（因爲年齡的不同），便應該歸於最適合的兒童所有。如果一種玩具須小心看護使用，便應該歸於年長者所有，而不可使年幼、不能使用的兒童破壞。而年幼的兒童，也應當給予適合他的年齡的玩具以爲補償。至於兩歲之後的兒童，不小心破壞了玩具時，不應該立即置換，應使他感悟到損失的可惜。同時，當使兒童不要常常拒絕其他兒童借用他的玩具；凡玩具不用時，如果其他兒童借用，不可以允許他藉口拒絕。但怕其他兒童有破壞的可能，或該玩具爲所有者構成而十分珍視的，不在此限。對於這種例外，不應該使兒童產生倔強頑固的性情；不應該使他恣意干涉其他兒童享樂，以這種方法教兒童一些美德的舉動並沒有多大困難，並且很有堅持行使的價值。不應該使兒童從其他兒童手中搶奪玩具，即便是應當歸他所有的，也不可出於搶奪的行爲。如果有較長的兒童不愛年幼的兒童時，那可以表示同樣的不愛之情於較長的兒童，並宜立即說明他何以不被愛的原故。由這種方法不難養成兒童間互相友愛的心情，且足以防止喧嘩哭泣。有時也可以利用一種嚴厲的態度和輕微的處罰。但無論如何，終不可使兒童產生強制弱的習慣。

當許可兒童管理多種東西時，原是鼓勵他使用玩具的習慣，例如蒙特梭利的教具是兒童的公有物，但當一兒童使用一教具的時候，其他的任何兒童不得加以干涉。這可以由工作而發展有限制性的才能權利，而這種感覺和後來所期望的事物沒有絲毫的衝突。對於最幼的兒童，這種方法很難適用；但當他有了技能的時候，卻能在活動過程中更生興味；他們知道自己喜愛時，便可獲得活動的材料。兒童到相當年齡時應該給以書籍，爲他個人所有，因爲這可以增加他喜愛書籍的心，而鼓勵他誦讀。凡是爲兒童個人所有的書籍，應當是良善的書籍，而尋常的書籍，應該歸爲公有。

這裡最廣大的論點是：一，不可使他因爲財產的不足而產生一種被壓迫的感覺；因爲這便是養成吝嗇的起源。二，當足以鼓勵兒童活動或足以教導兒童使用時，便可以使兒童擁有私有財產，但應當以此種方法引導兒童注重喜悅，而不在於私人所有權。即便是他的所有權，如果其他的兒童借用時，也不宜表現吝嗇。但這事應該引導兒童樂意借物予人，如果強迫便失去了本意。當兒童愉快時，不難鼓勵他慷慨分享的心，如果兒童不愉快時，那一定是謹守他所能得的東西而不肯與人分享。因此兒童的美德，並不是由於受苦痛而得，實在是由於幸福與健康而產生。

第八章　誠實

養成誠實是教育最大的目的之一。我所謂誠實，不僅是在於言語，即在思想中也應當如此；而且思想比起言語更重要。凡是能覺悟自己是妄言的人，比起那半知半覺、自欺欺人而自信良善誠實的人高尚得多。思想誠實的人未必以妄言為非，常以妄言為非的人，必以詭辯曲辯自圓，而不甘自認其妄。

但我認為以妄言為是者一定很少，而知識高深的人以妄言為是者更少。如果在專制之國，暴政如虎，或內亂頻仍，殺戮無忌，那便以妄言為是。所以在社會制度良善的環境裡可以說沒有妄言的餘地，以妄言為是者自然是更不多見了。

不誠實由恐懼而產生。兒童成長若沒有恐懼心的，那一定會誠實；他之所以誠實，並不是由於美德所致，實在是由於不誠實的事從未在他心裡發生過。受過賢良仁慈的待遇的兒童，他的眼光一定很清澈，雖然對於未曾相識的人，他的舉止也一定非常大方而沒有絲毫恐懼的態度。受嚴酷煩厭待遇的兒童，舉止往往畏縮不前，唯恐違犯規則。起初兒童並沒有妄言的意思，後來觀察到大人的行為而發明了妄言的方法，因恐懼而更加重他妄言的程度；兒童看見年長者對他常出妄言，以為如果告以眞相會非常危險，所以便妄言無忌。如果能避免這種惡因，那一定不會有妄言的意念發生。

但是判斷兒童是否誠實必須注意一點，兒童的記憶力常不正確，往往不知如何應對某一問題，而成人往往以為他能夠應對。兒童較沒有時間觀念；四歲以下的兒童往往不能分辨昨天和一星期前的界限，或昨天和六點鐘以前的界限。當他不知道如何應對的時候，便因著問者的口氣而應對。而且兒童屢屢煞有介事的說他假裝知道的事，告訴他人說後院中有一隻巨獅，但每每容易把他的遊戲認為眞實。由以上種種原因，兒童的言語大多不確實，但他並沒有故意欺騙人的意思。兒童們視成年人為萬能，以為成年人無所不知，所以以為不能欺瞞。我的孩子將滿四歲時常常如此，當我不看見他的時候，他所作為的是什麼事我當然不能知道，但我雖是說不知道，他卻不相信。成年人知道事物的方法很多，非兒童所能知，所以不能限制他的力量。在去年，我常常給孩子許多糖果，並且告訴他不可多吃，否則會生病；後來他竟吃得很多，果然生病了。等到他痊癒，他毫不遲疑爽直的對我說，他是因吃了太多糖果而生病的，那時他充分的表露著喜悅的神態。自此以後，雖然給他很多糖果，他也不會多吃；之後我告訴他關於一切飲食上的事，他從來沒有不服從的行為，這是因為無須道德上的規勸，完全因為恐懼加之於他而得有這樣的結果。對於兒童，必須有耐心和堅持，兒童已經近於普通兒童偷嘗甜食的年齡，他一定也是要同樣的竊取，但他不致妄言；如果兒童妄言，父母應當自責，不應當責備兒童，因為應該除去兒童妄言的原因，用溫和的態度說明他不應當妄言的理由。絕不可加以處罰，徒然增加他的恐懼反使妄言愈甚。

要兒童不妄言，成人對於兒童必須十分誠實。父母常常說明妄言為罪惡，但每每當著兒童在旁邊的時候而發妄言，以致失去兒童的信任。對兒童說眞話，恐怕自古以來便沒有；父母只以為哄騙兒童是為了兒童好，殊不知兒童不能略悟到他的眞意，只是受到邪惡的影響，父母嫉妒心和刻薄心發生於不知不覺之間，而影響兒童卻很大，因為他們往往認為父母平日的表現為善良的良言善語。

此外還有一種妄言，也很有害於兒童，即因不欲處罰兒童而動用威嚇手段。巴拉德博士（Dr. Ballard）在他最有趣味的《學校的變遷》（*The Changing School*）一書裡對於這種主義說得非常透澈：

「不可以威嚇兒童，如果對兒童加以威嚇，便須依照威嚇所警告的事實去實行。例如你對某一個兒童說：「你如果再這樣，我便殺你！」說出這樣的威嚇以後，如果遇到這兒童再犯這行為時，你便非殺不可，如果你沒做到，那他對於你不但沒有尊敬的心，並且還會照樣的違犯下去。」

保母和沒有知識的父母，對於嬰兒的威嚇雖然不像這樣的重大，但大都是用著這同樣的手段。如果要威嚇兒童，對於那種威嚇便應該是能夠實踐的，切不可希望他「或許」因此不再做壞事。一般不受教育的人，常常用妖怪和警察威嚇兒童，這缺失就更大了。因為最大的影響，是使兒童產生最危險的神經恐懼，而對於成年人一切的言論和威嚇都要懷著疑慮。如果平日言必實行，更絕對沒有這種缺失。

此外是有一種欺騙的形式，同樣不合宜，那就是把不會動的東西當成有生命的東西看待。保母當兒童撞到桌椅感到疼痛，便一面敲打著桌子一面說：「頑皮的桌子」，因此而失去自然訓練的本源。如果置之不顧，那麼兒童很快的自然會明白那些無生命的東西只可用技能去操縱，而不可用憤怒或諂媚的態度去對付，這恰恰可以鼓勵兒童獲得經驗，而使他認識人的能力限制。

關於性慾方面的妄言，危害也很大，我將在後面「性教育」一章中論述。

未曾受過壓制的兒童，常常提出許多合理或不合理的疑問。這種問題很令人厭煩，有時竟不便答覆。可是無論如何，都不可不設法誠實的答覆。例如他們問及宗教、死亡、戰爭、死刑等，都應當給他明示，絕不宜用「你還不懂」的語句拒絕他。但最難的科學問題，如雷電如何製造等問題自然是例外，在解說時寧可因他不懂而多告訴一些，切不可因他不懂而短少了應有的解答，因爲他所不懂的部分足以鼓舞他的好奇心與求知心。

要增進兒童的信任感，便必須常常用誠實的態度面對兒童。兒童的天性，除了最大的欲望之外，大都信任成年人的言行。雖然是違反他最大的欲望，但如果用誠實的態度去面對，也不難獲得他的信任。如果在恐嚇的情勢之下不實踐前言，結果必致產生精神不安的疾病。一天，我的孩子想去涉水，我告訴他許多不能涉水的原因，因爲我知道水裡有許多碎片，必定會傷害他的足部，但他涉水的欲望仍很大，並且以爲水底不會有碎片。後來我找到一塊碎片而將鋒利的一角給他看，他才深信不疑。如果我不知道該處有碎片而以妄言阻止他，那他一定會更不信任我的。假使我實在沒有找到碎片，便應當任憑他去涉水，由這種經驗的結果，他對於我從沒有絲毫的懷疑。

生在今日欺騙的世界中，要養成不欺騙的兒童，就要將平日所認爲重要的事件加以輕視。但這有許多的困難之處，因爲「輕視」這東西實在是不良的情緒，所以最好是不要引起他的注意。在虛僞的社會中，要運用誠實非常困難，但只要沒有恐懼心，自然可以打破虛僞，因爲一有恐懼心便不足以言誠實。我希望我的子女能養成正直、誠實、坦白、自尊等美德，即雖達不到成功的境界也無妨，卻不願他爲著奴隸的藝術而成功。固有的自尊心及誠實，是良善人物所不可缺少的，因爲既有這種特質，除了被豪俠之心所刺激之外，便絕沒有妄言的觀念。我希望我的子女的思想及言語都被誠實所統御，雖然因此而致發生人世中所謂不幸的事，也絲毫不去顧慮，因爲誠實的重要性實在遠大於富貴名譽。

第九章　懲罰

從古代以來，懲罰和教育息息相關，不論男女，都視爲當然不可少的東西。如前文所說的阿諾德博士關於鞭撻的見解，以及盧梭的主張都是如此。盧梭的理論，在於任其事於自然，但他在《愛彌兒》一書裡卻主張嚴厲的懲罰，百年前的這種觀念，根深柢固，我們不難在所有的勸世小說中發現。

當費爾柴爾德看見他的子女爭吵時，便施以杖擊。並且帶著他的子女去看絞死的人屍，當小孩子見到那屍身的慘狀，內心實在恐懼萬分，悲苦的要求父親帶他回家，而費爾柴爾德卻強迫孩子繼續觀看，並且說這種事情是以對那心中懷著怨恨的人所做的報應。費爾柴爾德因爲已將這孩子的前途預定爲牧師，以爲使他親眼看見那犯法受罪者的慘狀是應當的，並且是必須的。

現代已鮮少主張這種方法，但對於究竟應當採用哪一種方法來替代的問題，意見紛歧，有的主張仍然要施以相當的懲罰，有的主張完全廢止懲罰。在這兩種意見間，又有許多不同的紛爭。

以我的觀點來看，懲罰在教育中固然應該有一個小小的地位，可是並沒有嚴厲的必要。如果施以嚴厲的懲罰，結果必定使兒童產生怨恨。有時我的孩子對待他的妹妹用非常不和善的態度，而他的母親加以怒罵時他便無限的悲憤，非再三的安慰無法平復。有時他堅持著要求東西或擾亂他妹妹的遊戲，我們也往往施以輕微的懲罰。如果我們對他所剖白的理由以及勸化失效時，便讓他孤獨的在房間裡但並不鎖門，並且告訴他如果之後能改善便可外出，起初他是放聲大哭，但經過幾分鐘之後便自己出來，且以後不再發生這樣的惡習，因爲他知道既然要出來，以後便非改善不可。總之，在我的經驗中，觀察小兒的天性，我從來沒有覺得有施用嚴厲懲罰的必要。兒童的善惡，多受到父母的影響，並不在於兒童的本身。凡是有理性的父母，兒童也一定會有理性；如父母對兒童有愛心，兒童自然也能以愛心對待，絕不是因爲責任義務的問題而能使他感恩圖報的。如果在萬不得已的情形之下而加以禁制，那必須詳細說明理由，有時與其干涉他魯莽的遊戲，倒不如讓他親身受點小傷，因爲這樣可以使兒童由於經驗的關係而自己覺悟，不待長者無效而有害的禁制。如果早就採行這樣的方法，我敢說：必須加以嚴厲的懲罰兒童一定很少。

在某一兒童擾亂其他兒童或破壞其他兒童的愉快情形之下，那可以採行「放逐」的懲罰。萬不可因爲某一兒童的問題而影響到其他的兒童。但無須使那執拗的兒童感受到罪過，最主要的目的，是在於使他感覺到失去了其他兒童所能享受的喜悅。關於這個實驗，蒙特梭利夫人曾有如下的記述：

「對於懲罰問題，我們往往看見許多兒童擾亂其他兒童，而且不聽從好意的告誡和矯正，這等兒童，我們即當使他接受醫生的診察，如果證明他是尋常健康的，便在室內的一角，使他和所有的兒童分離。叫他坐在扶手椅上，但足以望見同學們的用功作業，而給他平素最喜愛的玩具。這種分離的方法常常足以使兒童安靜，並且從他的位置能望見全體同學的聚處，和他們作業的方法；這樣的效果遠勝於教師的言語。他能因此漸漸明白和同學們聚處共同作業的利益，而熱誠的自願復歸原處和同學們做同樣的事務。我們時常用這樣的方法訓練頑皮的兒童。但對於那被分離的兒童，必須十分注意，好像對病人一樣。當我每次走進室內，必定先走到那兒童的處所，簡直把他當成最小的兒童一樣，然後再向後轉過身體，觀看大眾的作業，提出各種問題出來質問，而把他們當成了小孩中的大人一樣。當我們施行紀律訓練時，固然不知道兒童的感想如何，但結果並沒有什麼缺陷發生。當他們知道如何作業和如何舉動的時候，他們都表現著欣喜的狀態，而對於我以及所有的教師們往往表現著十分尊敬而親愛的樣子。」

這種方法所獲得成功的幾種原因，是舊式學校所沒有的。首先，除去了由疾病而發生不良行爲的兒童；其次是應用了這種方法的機智和手段。但最重要的一點是具特別邪惡行爲的兒童占著少數，而被良善行爲所籠罩著，兒童自己覺得違反公意，自然不想繼續爲惡。關於應用的方法如何，我且不談，因爲教育在起初時如果指導得宜，絕不需要方法，而且也絕不會有畏懼學問的事實發生。當兒童幼小時強迫著把知識灌入，這種謬誤和強迫兒童飲食以及強迫睡眠如出一轍。幼兒往往以爲飲食、睡眠是爲了應付大人的期望，因此往往由不眠症而轉爲胃弱症。在兒童健康的常態之下，應當任憑他自己捨棄飲食而使他忍受饑餓。我的孩子常常要保母勸誘安撫後才能飲食，一天，我們在午餐時不使保母勸誘，他說不願吃蛋糕，我們便把蛋糕取走；不久，他又要求取回，但已被廚工所食，因此他非常懊悔，此後便不再裝腔作勢而假言不食了。像這種方法，正可適用於教授那不願受教的兒童，應當任他自去，等到他曠課以後，因曠課而受到某種刺激時他一定十分後悔。如果使他見到其他兒童孜孜不倦的學習，他必定也想同樣的受指導，然後教師因勢利導而予以利益。我認爲每一個學校應該有一處廣大的空室，凡是不願讀書上課的兒童不必強迫他上課讀書，而把他們聚入室內，如果他們願意在那室內居留，這一天便不許他再回到教室裡上課，凡是上課時舉動違規的兒童，應該送入該室以爲處罰。但懲罰最簡單的意義在於一種事物爲犯人所痛惡，而不是他所喜愛的，所以空室之設置，必須具有使兒童感到痛惡之性質。

輕微的處罰，對於輕微的過失很有效力，而關於行爲方面更爲適合。稱讚和譴責是對於兒童賞罰最重要的形式，即便是對於年長的人，如果是出之於他平時所尊敬的人之口，也有同樣的效果。我認爲如果捨棄了稱讚和譴責兩種形式，就沒有更好的方法了。但對於兩者的施行，都應當有它相當的程度：第一，不應當比較，對於某一兒童絕不可稱讚他善於某人，或惡於某人，因爲前者足以產生輕視而後者足以產生嫉妒。第二，使用譴責應當比稱讚更加謹慎，施行時應爲一定的處罰而加之於意外的過失，一經發生效果便可以不必再用。第三，對於尋常的事件不應該加以稱讚。如對於勇敢或手段的新發展，或對於自己的所有物視爲大公無私的行動等，便應當加以讚賞。在教育中，凡是對於特別出色的作業加以稱讚是必不可少的。對於兒童不容易獲得的結果加以稱讚，是他們所最感到快樂的。這種快樂的心，很足以供給教育者鼓勵兒童向上奮勉。但鼓勵向上奮勉的最大動力，卻在於不管該項事物是如何，對於該事物的本身要有一種莫大的興味。

殘忍，可以說是行爲上最大的過失，但以處罰對待卻有許多不可能。更進一步說，對待這種過失，處罰的用處很小。對於動物的殘忍，是兒童的天性，要加以防止，非先有適當的教育不可，如果等兒童虐待動物之後再對兒童施以拷打，實在是最愚蠢的，因爲這樣的懲罰除了徒然使兒童發生避免他人所見的心之外，並沒有其他的好處。所以應當在事前加以防備。這裡所謂防備，並不是刻意等候他正在著手的時候而加以訓誡，而是趁他們未曾有殘忍的動機時，便使他養成重視生命的心。當宰殺動物的時候，即使是蜂蟻等極小的生命，也不可使他們看見。萬一被他們看見，應該細心的加以解說，而告以在特別情形之下，何以必要如此。他們對於年幼的兒童有虐待、不親切的舉動，可以即時用同樣的舉動去使他受到同樣的感覺，在他怨怒的時候再告訴他不應該將自己感到痛苦的行爲加之於他人。由此可以促使他領悟到他人有如此的感覺時，正和自己有如此的感覺相同。

施用這種方法，應當愈早愈好，而且最適宜於微小的殘忍事件。但採用這種方法時，不應使兒童看破這是一種處罰，而是一種教訓。例如對他說：「你想，你應該對你的妹妹做這樣的事嗎？」在他辯駁時便可以說：「那既是不好的事，你應該讓你的妹妹忍受嗎？」從這樣方法而產生的結果非常簡單而且直接，兒童最容易了解而領悟到應該顧慮他人的感覺。能這樣，殘忍的行爲絕不會發達而擴大。

道德教訓應當順其自然引導，不應當超出於合理的範圍之外，讓兒童可以舉一反三。兒童領悟一件具體事實，而應用於其他同樣的事實，比起那由一般的定律而加以演繹來得容易了解。尋常不應當說「應該勇敢，應當慈愛」，遇到特別勇敢的事件以後可以說「你是一個勇敢的兒童」。當他任憑妹妹高興而隨意使用他的玩具時，可以說「對，你是一個和氣的孩子」。這種方法，也同樣的可以適用於殘忍行爲的改善。

假使經過了許多的努力，而結果仍然發生重大的殘忍行爲，那就應該視爲一種病症。施行不愉快的處罰於兒童，和他有膿疱、疹子一樣，是不可避免的事，而不可以含有苛刻狠毒的性質。應該把當事兒童和所有兒童、動物暫時分離，而說明他和大眾相處的不安全之點。如果能使他完全了解，他一定能感受到和那被虐待時同樣的痛苦，他一定能覺悟到不應該一時有殘忍的衝動而接受這種痛苦的教訓。我相信這種方法，除了少數的疾病者以外，必定能獲得完全的效果。

我認爲身體的處罰絕不相宜。有時施以輕微的處罰，雖然是沒有多大的利益，但也還不至於有危害；如果施以重刑，那結果必定會產生殘忍和凶暴，並且足以使親子間或師生間產生惡感，而失去開誠信賴的心。新式的父母，對於子女不加以絲毫的拘束，使兒童一見到父母便產生愉快喜愛的心，絕不會使兒童看見父母好像遇到惡魔一般的不敢言動，而在背離父母時又頑皮到極點。能獲得兒童眞正愛慕的心，這當中有不可言表的愉快，從前的人沒有發覺到這一層，所以也不求體驗，雖然常常教兒童敬愛父母以盡人子的天職，但這完全是人爲的責任與義務問題，而不是眞正的愛，況且那種行動恰使兒童反而不能盡他的天職。如在從前的警勸小說中有這樣的一段故事：

"Papa, who in the parlour heard
her make the noise and rout
that instant went to Caroline
to whip her, there's no doubt."

這是說一個少女卡洛琳要一條粉紅的帶子，而父母給她白色的，於是她產生了煩惱：她的父親在室內聽到她叫喊的聲音，便立刻跑出來鞭撻她一頓。所以卡洛琳一見到父親的蹤影，就以爲父親要打她了，心裡一定很不高興，這樣要她盡人子之天職，自然很困難，眞正的情感自然更是消滅了。總之，如果認定愛是可以命令行使的天職，那勢必不能獲得純粹的情緒。其結果是人類相互間的關係變得生疏、粗暴、殘忍。

最後，我希望教育中初生的善良觀念，漸漸擴展到全人類間及其他一切的關係，因爲這和我們對於兒童是同樣的需要，也就是教育中汲汲於善良觀念的目的。

第十章　兒童友伴的重要

前面是關於父母和教師對於須塑造兒童正當品性的論述。但如果沒有其他兒童的幫助，仍然是難有成功的可能。兒童的年齡愈長，借助於他人之處也愈大。兒童在一歲時，最初幾個月中和其他的兒童可以說完全沒有互動，但在最後的三個月中其關係便較爲顯明了。在這時期，較大的兒童便能產生力量了。家庭中最先出生的兒童，他的學習語言和行動較之後出生的兒童來得遲緩，因爲大人的言語行動過於複雜，兒童不易模仿。三歲的兒童是一歲的兒童的良好模範，因爲他的作爲完全是年幼者所希望的榜樣。兒童對於其他兒童的看待，比起看待大人親近得多，所以他的野心容易被其他兒童的野心所刺激。通常的兒童，都希望和比他稍長的兒童遊戲，稍長的兒童又喜與比他更長的兒童遊戲，依著這樣定則每一個兒童都是如此，同時都頗爲自信。但結果，在一學校中，或一貧民窟的街市中，或其他廣大的場所而有選擇餘地的，因爲兒童都希望和比自己較長的兒童接近，而較長的兒童都不願和比他年幼的兒童遊玩，因此只得尋找年齡相等的兒童來遊戲。所以幼兒能從稍長的兒童而學習的事，非在家庭中不可。但並非每一家庭都有一較長的兒童，這樣就受不到向較長者學習的利益；尤其是近來小家庭增多，不能獲得這種利益的兒童也隨著增多。小家庭如果沒有幼托補充，便是對於兒童的不利。關於幼托，我將在以後論述。

兒童往往運用所有的力量和比他年長的兒童聯合遊戲，他們的行動出於自然，絕沒有成年人和兒童遊戲時的所謂思索和虛僞。假使成年人和兒童遊戲時也沒有思索，必定發生許多困難，因爲成年人有能力和權力，並且他的遊戲是使兒童愉快而不是自己愉快。兒童對於兒弟姊妹的命令往往樂於服從，在成年人卻往往是做不到的。這種服從合作的事，最好從其他的兒童群裡去學習，如果由成年人去教導，那始終免不了表現不親切或虛僞的弊病。如果要求眞正的合作，那麼表現便不會親切；如果對於那現象表現滿足，便是虛僞。因爲在成人和兒童間沒有自然的關係，所以不能維持兩方永久的喜悅。

經過了幼年時期的稍長兒童，繼續有著特別的教訓作用，這並非正式的教訓，而是發生於正式工作以外的教訓。稍長的兒童往往刺激其他兒童的野心，當他們合作時對於他戰勝一切困難的情形的敘述，比成年人更有力。我記得我在大學時，從稍長者處學得許多事務，而這種事務如果要從前輩處去學習，大都是不可能的。這種經驗，無論在哪一所大學中，假使他的社會生活不專以年齡爲限制，對一般必定是有利益的事。

前述用在年幼的兒童以三到六歲時的用處爲最廣，並且和道德教育相關聯。兒童對於成人，沒有使用強者對於弱者所需的種種美德的機會，應當教導兒童不宜強取弟妹的東西，當年少者出於無意而打倒他的磚塔時不應該憤怒，不用的玩具如果其他的兒童需要使用時，不應該收藏。應該教導年少者不宜猛抱，猛抱最容易受傷，並且在他錯誤哭泣之後，應該使他有後悔的感覺。爲保護幼年的兒童起見，可以對他表示一點嚴厲的態度。這些，都是有益的教訓，而不是用其他方法所能獲得的。對於兒童施以抽象的道德教育，不但是虛擲了光陰，並且是非常愚蠢的事。所以凡事都應當具體而爲環境所必需。

年長和年幼的兒童固然都很重要，但同年的兒童更重要。彼此平等的行爲，是我們所應當效法的，現代世界中所有的不平等大都是人爲的，如果能置之不顧自然再好不過。但衣食無憂的人，多以廚役爲下賤，對他們的待遇自和普通人不同。但他們也自認爲不如官吏，所以對於官吏之輩總是俯首帖耳。這兩種現象都非常錯誤，而應該都平等對待。當幼年時，年齡足以使人驕橫，這雖然並非出於造作，但因此便成爲成長後的壞習慣。所以一切遊戲，應該以同年爲最適合，學校的比賽也是如此。兒童在同學中，因爲同學的判斷而有他相當重要的地位，不論他被同學們所讚賞與否，都根據於他本人的行爲和勇敢而定。父母過於溺愛他們的兒童，結果常常替兒童創造了繁華奢侈的環境，養成不良習慣；而不爲父母所愛的兒童，那環境又不能使兒童自然發育。只有同年者自由競爭和平等合作才能有自然發育的環境。自重自尊而不凶暴蠻橫，熟慮深思而不卑不屈，都只有在平輩中才能學得。所以良善學校所給予兒童的利益，比任何良善的父母要廣大而完整。

除此之外，還有一件更重要的事，便是兒童身心上對於種種遊戲的需要；滿一歲之後，必須提供其他的遊戲，否則不足以滿足他的欲望。如果兒童失去遊戲，一定是愁苦煩悶，因此失去了他人生的愉快而變得抑鬱。不給兒童應有的喜悅，和彌爾（John Stuart Mill）一樣，三歲時便學習希臘文，他的成就也很偉大。但這僅僅是就知識的方面而言，其所得到的結果或許可以稱爲「善」，但如果從全體而言，那我便很不以爲然。彌爾在他的自傳中說他在青春時期曾有完成各種樂譜的想法，到後來卻不能譜成新的樂譜，幾乎因此而自殺，這種幻象是由於腦力過度所致。所以他晚年一發議論而遇到說他父親的哲學謬誤之處便遁辭不言，使他理論的價値大爲減少。所以教養得法的青年，他知識上的回復力應當更大，他思想的創造力也一定很強，無論如何，他享受生活的能力必定更加擴大。以我個人而言，自幼年到十六歲，其間所受的教育全是枯燥無味，雖然還不致於和彌爾的程度相等，而絲毫沒有一般青年的喜悅。當我在青春期時，也有彌爾所說的自殺傾向，因爲我以爲那律動管束了我身體的動作而使我的意志成爲虛妄，到了我和同輩接觸時，簡直完全不能夠適應。

我知道，除了我所論辯的以外，有許多兒童是不應當進學校的，例如：有些精神不健全、身體衰弱、智能障礙的兒童，完全不應該和尋常的兒童共處一室，因爲一旦使他和群眾相處，必定要發生癲狂的疾病。又如具有特別的能力的兒童，精神上往往不能安定，在這種情形之下，也不應當用教導尋常兒童的方法教導。所以對於神經過敏者應當細心觀察他是否有一定的原因，並且盡心忍耐的治療，但無論如何不應當加以使他難受的事件。我認爲神經過敏的疾病，多是由於在襁褓時傷腦傷胃的原故。假使能留心養護，我相信多數的兒童必定能享受尋常兒童所能獲得的喜悅。但無論如何，少數的例外是必不能免的，對於這些極少數的例外兒童，我們應該謹慎的看護，而不應該把他送到他所不能適應的學校裡。

第十一章　愛與同情

在前面我沒有討論到美德本質的「愛」，讀者或許不免要懷疑。我曾以爲「愛」和「知識」兩者是正常行動所不可缺少的東西，但我在討論道德教育中卻沒有論述到愛，我之所以如此，因爲我認定眞正的愛是由兒童得法自然所產生的結果，不是可以指定一定的方法所能養成的。兒童從十歲或十二歲到青春期（男孩十四歲、女孩十二歲）缺乏愛，絕對不是逆施而加以強迫所能成功的。在青年時期，他表示同情的機會比較成人缺少，因爲一方面由於表現的力量薄弱，一方面由於青年人的性情大都是專心於個人本身的訓練而多與他人沒有關係。我們應該注意養成具有同情和愛的同年人，不宜於在幼時強教他而使這種特質早成。在道德教育中，這是一個科學的問題而屬於所謂心理動力學（Psychological Dynamics）。愛的存在絕不是義務的性質，教兒童應當愛他的父母、手足絕沒有絲毫的利益。因爲父母要做被愛者，必須他的舉動先足以引出兒女的愛，並且必須基於自己天然的愛，使兒童足以產生充滿愛的身體和精神的種種德性條件。

不但不應當強迫兒童愛父母，凡是和這個形式和目的相同的一切事物，都不應當發生。這便是親子間的愛和兩性間的愛的區分之處。兩性愛的本質在於感應，沒有感應便不能達到生理上的機能。父母的愛本質卻不在於感應，他應該把兒童看成自身的一部分。我們遇到自己的腳趾疼痛，便十分的注意自身，但絕對不希望得到自己的感謝；我們知道最野蠻的婦女，他們對於兒童也一定是具有和這個相同的感覺，他們視兒童的幸福和自己的幸福一樣，而在幼小時表現得更明顯，絕對沒有存在希望報答的心。當兒童沒有能力的時候必須養育他，使具有相當的感應，到兒童成長以後，做母親的愛或從此減少或因而增加。在動物中，父母的愛到成長後便消滅，也無所謂要求。但人類卻不是如此，雖是最野蠻的民族也不能做到。兒子做勇敢的戰士，父母便希望在老弱無能時得到他的孝養和保護，因此做父母的預早知道了老弱的來臨，更是希望兒女增加對他的愛。所以「孝道」被全世界所尊重而記載爲基督教第五誡。到私有財產制度發達以後，正式的政府成立，孝道已不復重要，數世紀之後，人都知道這種事實已無感情可言，尤其是今日的事實，往往五十歲的人們仍然倚賴著七、八十歲的老父，於是形成只有父母對於兒女的愛，而沒有兒女對於父母的愛了。這種情形，大多發生於資產階級，若在勞動階級，舊日的關係仍多存在。但勞動界因現今厲行養老金制的結果，父母與兒女間的舊日關係也漸次的被破壞了。因此兒女對於父母的愛，在重要美德中已經失去了固有的地位，但父母對於兒女的愛，仍非常重要而是始終不移的。

關於許多心理分析師所指出的種種危險，我雖有許多質疑，但也不可不發表一些見解。我認爲那些危險，多由於父母過分的溺愛所造成。我認爲父母對於已成年或將成年的兒女，不宜於過分的愛護與管束，致使他沒有獨立自由表現意志的餘地，尤其在意志較兒女堅強的父母身上最容易發生這種流弊。父母對於兒童影響力的大小，由他和兒童的關係的多少而決定，一般以母親的影響力較大，雖然有的兒女不喜歡母親，而未曾看見過父親的面貌反而以爲他的父親神聖，但這完全由於想像而生，並不是由於父親本身產生的。

成年人和兒童常常接觸，易使兒童有深刻的印象，即使到成長以後或許仍然做他精神上的奴隸。這種奴隸或者是智慧的，或者是情感的，或者是智慧與情感兼有的。關於前者的例子如彌爾便是，他終身不敢說他父親的錯誤。智慧的奴隸，由早年的環境而產生，在相當的程度之內可以視爲尋常的事。成年人除了被這種勢力所驅使外，能擺脫幼年時代父母、教師教訓的很少。從事工、商的父母所生出的兒童大都承襲，而回教徒的兒子大都仍然是回教徒、佛教徒的兒童仍然是佛教徒，其他也都如此。所以我們說智慧的奴隸是天性的、是尋常的亦無不可，我認爲要避免這一種，除了教育之外簡直沒有第二種方法。這種父母影響力過大的事非加以防範不可，因爲這複雜而多變的時代，如果使過去時代的思想留存在青年的腦中，便會發生莫大的弊害。現在僅從情緒和意志兩方面的奴隸而論，因爲這和本題旨更有直接的關係。

前面我已經說過，父母的天性本不希望兒女的報答；由兒女的依賴心和求飲食與保護的事已經足以使父母安慰。一等到兒女可以獨立而不須依賴，父母的愛便因之而終止；動物中都是如此，因爲他的目的已經達到。但是在人類中的天性卻不是這樣的簡單，我在前面論孝道時，對於軍事上的影響和經濟問題曾經提到。現在更把父母天性中所混雜著的兩大純粹心理的原因加以剖析。

第一種的混雜原因是在智慧、認識、喜悅由天性發生的。換句話說，天性鼓舞喜悅的行動，由行動發生有用的結果，但這結果不一定是喜悅。飲食，使我們產生喜悅，我們簡直可以把它當做一種喜悅，但消化並非喜悅，可是如果不消化，便更不喜悅。性交是喜悅，但分娩便不喜悅。嬰兒的依賴，使我們產生喜悅，但兒童成長獨立時便不覺得喜悅。原始婦女式的母親，當她懷抱著嬰兒非常喜悅，但因爲嬰兒漸漸成長便漸漸減少了她的喜悅。所以父母們或許爲了要求喜悅的持續，而使兒童依賴、無能力的時期延長而不使他脫離。自古以來便有這樣的事，我們看到「母子裙帶」的古語便可以尋找出這種濃厚的意味。對於這種弊害，一般都認爲在男孩，除了將他送入學校以外沒有其他的方法可以避免。如果在女孩，一般都認爲完全沒有弊害可言，因爲如果是小康之家，都以爲使他的女兒沒有能力而依賴旁人爲佳，希望女兒在嫁後依賴她的丈夫，正和她在未嫁前依賴母親一樣，但幸福的婚姻由這一點破壞的很多。

第二種混雜的原因和正統「佛洛伊德派」（Freudians）的見解相近。這裡面有兩性愛的成分在父母愛中混雜著。這並不是說無論何事都根據兩性的區別，而是說他們僅僅希望某種情緒的反應。兩性心理學的核心，有足以使一夫一妻制成爲習慣制度的力量，最初是由於期望某一人而發生，認爲他所期望的對象在世界上對於他一人的幸福比任何人都重要，這種欲望產生了婚姻。假使其他的許多條件都實現，便產生幸福。文明各國女子的婚姻，因爲種種原故多不能滿足她在性生活的欲望，這等女子都想從兒女的身上獲得不合理的感謝報答以滿足她的欲望，而對於這種欲望卻又非成年人不能使她滿足。我並不是說一定有何種顯著的事實發生，不過是指一種情緒的興奮態度，一種有感覺的愛，或是接吻擁抱時的一種愉快。這種事情從母親的慈愛角度而言，通常都認爲正當，而實際上在正當與不正當之間的分別很細微，我們是不容易精準地區別的，但如佛洛伊德派等認爲父母絕對不能抱吻她的兒子的主張，卻又未免太過。兒女有獲取父母慈愛的權利，得父母之慈愛足以使他愉快，並且是心理方面健康教育所必不可缺的條件。但父母對於兒女的所行所爲，如空氣一樣，任人自由的呼吸，而不希望回報。此外有一種自然的反應問題，大體上並沒有弊害，但和故意欲求兒女的友好不同。從心理方面說，父母是成長的背景，兒女不會存心故意要使父母愉快，但父母的愉快可以在兒女的成長進步中獲得。所以由反應而產生的愉快，應當視爲例外的享受，絕不可以認爲是在天性中所應有的事實。

要成爲賢母，或做兒童的良好教師，如果她的性慾條件未曾滿足，便非常困難。不管心理分析學家如何解說，做父母和性慾的天性實質上終是不同，而近於性慾上的情緒往往侵入父母的天性而加以破壞。通常都喜於聘用單身的婦女爲教師，其實自心理方面言，非常不當；對於兒童，婦女的天性本能應求滿足和安慰於兒童，而不應該爲了本身。已經結婚的婦女，自然不會爲了本身希望在兒童身上求得滿足和安慰，如果是其他的婦女便非具有絕大的克己自制力不可。

我們心目中所期望兒童對於父母的態度，應當有確切的了解。如果父母對於兒童加以適當的慈愛，兒童對於父母自然會產生適當的反應。兒童對於父母的親近感到喜樂，分離便感到悲哀，有一些不能如意的事件便渴望父母的扶助；喜歡做冒險的舉動，又完全依賴他的父母暗中保護（但這種感覺除了在危險的時際很難察覺）。他們常常盼望父母解答問題及解釋疑慮，以援助他現實上的困難，但父母替他所做的事，大都不能深植他的知覺之中。孩子愛父母並不是因爲父母供給他衣食居住，而是爲了要父母和他遊戲、講故事、教導他做新鮮的事獲得新的興味，自然而然的感覺到父母的愛護。他對於父母的愛和對於其他兒童的愛全然不同。父母的舉動必須關注於兒童，而兒童的舉動必須關注於他本身和其他一切的世界，這是實體上的不同之處。因爲兒童對於父母並沒有重要的職務可做，他的職務只是在於「成長」和「智慧」。

「要把家庭生活的愛減少」。如果我給予一般的印象有這樣的傾向，那我便非常不安，我的意旨絕不是如此。因爲我認爲愛有許多不同的種類。夫婦的愛是一件事，父母對兒女的愛又是一件事，而兒女愛父母又是一件事，假使這些不同的愛混雜著而無界限，便會發生莫大的弊害。我認爲「佛洛伊德派」的研究未必是多麼的透澈，因爲它根本連這些天性上的區分都不知道。因此使他們對於父母與兒女間的關係抱著一種禁慾的觀念，而把父母與兒女間的一部分愛強認爲是不正當的兩性之愛。我認爲如果不具有特別的環境，便無須根本上克己自制，男女間的彼此相愛和愛他的兒女應當依從他內心的需要而定，不宜加以限制。假使兒女教養得適當，對於父母自然產生一種愛而同時不致防礙他的獨立。根本必要者，我始終認定不在於克己自制，而在於自由、在於天性的發展，和正當的智慧與知識的教導。

當我的孩子兩歲時，我曾去美洲，經過了三個月的分離。我不在家的時候他很愉快，但一旦突然看見我回家便更加高興。我探知他曾期待我好久，看見我便拉著我的手而把他特別喜愛的事物拿給我看，我固然樂於傾聽，他也樂於表白，我無心開口說話，他也並沒有要我開口的意思。這兩者的衝動雖然不同，但都是很一致的。後來談論到許多故事，那時他願意傾聽而我願意發言，兩者又很一致。但是有一次，他和我的感情產生變化。當他三歲六個月時，正逢我的生日，他母親告訴他：「無論什麼事都要爲取悅父親而做。」他一向只歡喜聽故事，但到了生日當天他卻眞的說了故事來取悅我，先後不絕的說了十多篇故事，說完後跳下椅子，一面說：「今天的故事說完了！」這是三月前的事，事情非常奇怪，自此以後他再沒有說過一則故事。

現在我就一般所認爲的愛與同情來說一說。這和父母與兒女之間相同，因爲父母使用權力過分而發生了許多的複雜問題，所以現在先來論述複雜問題，而一般問題留到後面再討論。

要兒童發生同情或愛，沒有絲毫含有強迫性質的餘地，唯一的方法是觀察兒童必須在哪一種情況下才能自然的發生感情，然後再盡力從事創造所觀察得到的情況。同情心，自然是天性的一部分，這是無庸置疑的。兒童看見他的兄弟姊妹啼哭，便隨之悲苦而且也跟著啼哭。當年長者對於某一兒童施以不正當的舉動，便一致反對。有一次我的孩子傷了右臂，我們替他包紮時，才八個月大的妹妹在隔壁聽到他的哭聲也跟著爲他啼哭，一直等到她哥哥停止才跟著停止。有一次我的孩子看見母親用針挑去腳上的一根刺時，便非常關心的問：「媽媽受傷了嗎？」母親告訴他傷害很重，並且教他不可亂走，免得也發生同樣的事情，他卻不肯確信，可是母親叫痛的時候，他也跟著嗚咽，和傷害到自己的腳一樣，這完全是由於本能的同情而發生的，也可說這是其他一切同情心發源的基礎。所以教兒童與動物在某種情況之下都有痛苦的感覺之外，沒有予以其他積極的教育的必要。

除此還有一種消極的條件，便是不宜使兒童目睹他人有不親切或殘酷的舉動，而父母的殘忍舉動影響更大。

要如何？要到什麼時候，才能使兒童覺悟到世間的罪惡呢？這是一個極困難的問題。如果要使他成長後而不知道戰爭、屠殺、貧窮等是絕對不可能的事。在一定的時期或某種適當的機會之下，應當使他了解這些事情，而深信這等事是最可畏而且是無上的邪惡，在可能界限之內絕對不可以此加之於人的。在這裡，我們便發現了一種問題，正和那主張保持婦女貞操相同；那主張婦女貞操的人，從前曾以爲婦女到結婚爲止，應當使她沒有知識，而今卻一變而施以積極的教育。

有許多和平家不願在歷史中談到戰爭，而使兒童永遠不知道世界上有殘酷的事。但我對這種由無知識而產生隱瞞遁逃的道德卻非常的反對。假使有教授歷史的必要時，應當教以事實，假使所教的歷史和道德相反，那麼便是不正當的道德，應當加以否認和解釋。有許多道德家以爲於事實上有許多的不方便之處，但這完全由於美德中有許多弱點的存在。因爲眞正的道德，只有明瞭世界情勢的知識而後才能獲得。所以我們絕不可用隱瞞的手段教育兒童，以致使他一旦發現世界上有無窮的罪惡而欣然效法。因此，我們必須使他了解殘酷，而後予以厭惡殘酷的觀念，這樣才能使他們自制不爲。而且，如果他們不知道有殘酷的存在，便無從發生嫌厭的觀念。未來他們可能在行使殘酷的行爲時，尚不知道自己是殘酷，更無從知道殘酷是邪惡行爲。

給兒童罪惡的知識，雖然還沒有適當的方法，但那居住於大城市或貧民窟中的兒童，對於狂飲、爭鬥、虐待等事，當然是不難知道。但父母卻不能故意引導著他的兒女去參觀這種事實。最大的理由便是那種恐懼的情狀，將終身留於兒童的腦海中而無法忘卻。沒有抵抗力的兒童，如果知道「人能傷害人」的事實，必定要抱著非常恐懼的意念。我在十四歲時才讀《孤雛淚》（*Oliver Twist*），使我懷著種種情緒上的恐懼，假使在早年閱讀必定是更恐懼不堪。所以恐懼的事情非到兒童有相當的平衡的能力時，不應當對他講述。兒童的這種時期各有遲早的不同，富於想像而衰弱者較遲，強健而勇敢的較早。應當使他先具有不屈不撓、不畏強禦的精神的習慣，然後養成他與惡魔戰鬥的意志。

但有許多格言是應當遵從的。起初教以故事，藍鬍子和巨人殺手傑克等並沒有絲毫殘忍的意義，完全沒有我們所憂慮的問題發生。因爲對於兒童那都是奇異空想的故事，絕不和眞實的人世有關。兒童們所以能產生喜悅，完全是因爲那和野蠻的獸性有關，但因爲這在兒童沒有能力時是一種遊戲的衝動，所以沒有危害，等到兒童稍長，便會漸次的消滅遺忘了。但如果起初便使他親睹世間眞實殘忍的事，那他不能以本身做爲加害的人但又把本身做爲被害的人。如果他具有野蠻的性質，必定歡喜把自己比爲故事中殘暴的人，白種故事非常容易養成帝國主義者，但亞伯拉罕（Abraham）決心犧牲以撒（Isaac），或兒童爲以利沙（Elisha）所詛咒而被母熊所捕殺等故事，卻足以喚起兒童對於其他兒童的同情心。假使用這種故事教兒童，便應當說明這種殘忍行爲是古代野蠻人的行爲，且是今世文明人所痛惡的。我記得我在兒童時曾經聽見人禱告，完全證明了以利沙的詛咒兒童是正當的表現。幸虧我那時的年齡已經足以判斷那些牧師的愚蠢；不然，我或將因此恐懼而瘋狂。亞伯拉罕和以撒的故事更是可怕，因爲那殘忍者便是兒童的父親。如果說到這篇故事的時候稱讚亞伯拉罕和以利沙是賢良，那麼兒童一定不肯信認，不然兒童道德的標準必定更要降低。如果把他引爲說明人類殘酷的手段那還可以，因爲他非常活躍、影響深遠，而且並非眞確。

歷史可以教以戰爭的事實，但在講述戰爭的起始，應當對於敗亡者表示同情。因此應當使戰爭能喚起聽眾對於失敗者方面表示同情，並且注意到因戰爭而產生的傷亡和痛苦，同時必須使兒童讀戰爭的事實沒有絲毫的偏見。如果視兩方都是沒有意識的衝動而是徒逞一時的意氣，把戰爭看成像校園中兒童的吵鬧。由此，兒童必定可以知道戰爭是絕無意識的衝動，而了解自己眞實的想法。

如果不友愛或殘酷的事被兒童所親睹，應該盡情的加以討論，並解說那產生殘酷舉動的一方完全出於愚蠢，必定沒有受過良善的教育。假使兒童本身沒有看出這種殘酷事情，那非等到他長大熟知這歷史中的事實時，不宜使他注意到現世中的殘酷事件。所以，應當漸次告以環境中各種罪惡的知識，但同時應當告訴他雖然可以戰勝這種罪惡，但都是由於無知無識，沒有克己自制的能力、沒有受過良善教育所發生的。不可以鼓勵兒童怨恨罪人，而應常使他們視那些罪惡者爲最愚蠢、最惡劣而不知道幸福所在的人。

養成深厚的同情心，是智力方面的事務，須加以適當的注意。那軍閥專制者所壓迫抑制的事實應當使他完全實現，例如托爾斯泰所述拿破崙勝後視察奧斯特里茨（Austerlitz）戰場一樣。一般歷史家大都不注意敘述戰場，如果多費一些時間去敘述，便可以產生戰爭的新意義。這並不是隱藏事實而不說，其實是增加事實而敘述。凡是適用於敘述戰爭的便可以適用於其他一切殘酷的事。平常敘述故事時大都不必指出道德是怎樣，只要說得切實而使兒童產生正當的感覺便完成；因爲所謂道德的觀念，在兒童心中會自然的產生，如果故意使兒童明瞭道德而把道德提供出來使兒童信從，那便和父母教兒女對自己敬愛一樣的愚蠢而錯誤。

現在再把愛和同情心的差異點敘述一下：父母與兒女間的愛在前面已經論述過，在這裡只說及平輩中彼此的愛。

愛不能從創造而產生，僅僅由解放而萌芽。有一種愛是基於恐怖而發生的，例如對於父母的愛便含有這種成分，因爲父母對他能給以保護的能力。在幼小時，這種愛是出於天性，成長後便漸次消滅，但幼時對於其他兒童的愛卻不屬於這一類。例如我的女兒對她的哥哥非常喜愛，雖然有時她的哥哥對待她很粗暴，但她並不轉變喜愛的態度。平輩的愛，最純粹的便是發生於喜悅幸福之中，沒有絲毫恐怖的意味存在。恐怖的影響，不問他是有意和無意，最容易產生怨恨的心。一般人的情形，嫉妒心也足以妨礙愛，嫉妒心除了幸福之外再無其他的方法可以防止，道德訓練其實沒有力量能控制無意中所產生的形式。換句話說，便是幸福往往被恐怖所阻礙。少年人幸福喜悅的機會，每每被父母朋友所阻止，在父母朋友方面的舉動雖是假著道德之名，但其實完全由於嫉妒心的驅使。如果是具有膽量的少年人，必定不顧慮那阻止的舉動，不然必定使他本人陷於痛苦的狀態而屈服於嫉妒的道德之下。我們所討論的道德教育在產生幸福和勇敢，所以應當盡力的解放愛的動機。如果每天教兒童做個富有愛的人，那便有造成僞君子的危險。如果能使兒童喜悅自由而和顏悅色的對待，那兒童自然會互相友愛而泛愛一切的人，同時所有人也自然會喜愛他。眞摯的愛情，有感化人的魔力，並創造人的反應，這是適當的道德教育所應當產生的一種結果，同時是我們要致力於這一方面的理由。

第十二章　性教育

人類的社會生活發達到某種程度，性慾這件極平凡而又極重大的事便被那迷信禁制所包圍，使人望而生畏。同理我的主張的讀者，看見我把性慾運用在這裡，或許不免要發生疑慮，雖然相信勇敢自由有益於兒童，但對於性慾這件事仍然希望保守祕密。可是我不能將這種限制的主義認爲合宜，所以我討論性慾，和討論其他關於道德的問題一樣。

在這裡，有一件事是我們應該注意且和禁制是不相關聯的，便是性慾和其他的東西不同，是一種漸漸成熟的本能。心理分析家曾說，這種本能在童年時期已經具備，雖然或有言之過甚之處，但並非虛妄。可是在兒童時期和成年人的表現不同，並且力量很小。所以從身體方面而言，要兒童和成年人的態度相同是不可能的。青春期是情緒危險的重要時期，因爲投入於理智中而發生許多擾亂，由擾亂而發生許多教育家難以解決的問題。在這裡有許多問題我不想討論，我所要討論的是在青春期以前應當有怎樣的措施，需要教育的改良便在於這一點，並且愈早愈好。我對於許多地方雖然和「佛洛伊德派」的意見不一致，但他說明在兒童時對於與性慾相關聯的事物如果沒有適當的處置，成年後便往往發生神經昏亂的病症，這一點卻說得很確切，他的著作關於這一點所給予世人的利益最大，但其中還免不了一些偏見，我們必須排除。但最困難的是，現今的一般人在兒童一歲時，便請沒有知識而對於教育絲毫沒有了解的婦女去撫養。

現在且以年齡來敘述這個問題：母親或保母首先應當注意的是手淫，知名學者都證明無論男童或女童，在兩歲時都有手淫的事發生，但以後便自然中止。有時因爲某種身體上的刺激而表現旺盛，可是這種刺激可以設法避免（這大都是屬於醫學範圍內的問題）。一般的情形，雖然並沒有學者說的理由，但也常常發生，通常對於這種現象視爲可怕的事，往往用威嚇的方法阻止。威嚇的方法大都難以成功，結果兒童往往懷著疑懼的痛苦，不久便由於這種被壓抑的痛苦而至於不自覺，於是發生惡夢、驚恐、幻想、以及精神錯亂等疾病。如果任由發展，不加以管束，幼時手淫之結果，於身體上及道德上也沒有明顯的惡果，而所暴露的惡果卻大都是由於阻止而發生的現象。即或是有害，也不宜使用一種不能遵守的禁制法去阻止，因爲實際而言，兒童絕對不能因爲他人的禁制而斷絕他的行爲。如果不加禁制而任其自然，不久也會自然而然的中止。如果一用到禁制的方法，那不但不能使他停止，反而因而發生種種神經上的病症，因此只好任其自然而不加以管束。除了禁制的方法之外，如果有適當的方法可加以使用。例如，送他上床隨即使他熟睡，不使他長久的失眠，把他所喜愛的玩具放在床頭，以引起他的注意而不致亂想，如這種種方法都有利則可用。假使運用這些方法而不見效，卻也不可以施以禁制的手段。並且即使是知道了他有某種舉動，也不宜於將識破寫在臉上。

性慾的好奇心，通常始於三歲，因爲發現男女構造的不同、成年人和兒童的差別。從性質上而言，兒童初期並沒有這種好奇心的特質，不過是一般好奇心的一部分，他之所以有這種特質的表現，大都由於常見成年人遮掩的舉動而起。假使沒有祕密，那麼好奇心必定在其他事態的感覺上得到滿足，而不會有性慾好奇心的發動。所以在兒童初時便任他自然看見父母、兄弟、姊妹的裸體而不特意的加以遮掩之表現，那他便不知人們見到裸體有特別感覺的存在（以後自然會逐漸的發覺）。因此可以知道兒童在起初非常容易注意到他父母的差異，以致聯想到兄弟和姊妹間的不同，一達到他滿足了好奇心的程度便絲毫沒有趣味。這時的兒童如果產生了疑慮，應該視爲和其他問題一樣，予以明晰的答覆。

答覆問題是性教育中的一大部分，可以用兩大規則概括全體：第一、須誠實回答問題。第二、將性慾知識與其他知識等同看待。假使兒童問到日、月、雲、雨、汽車、蒸汽機等問題，那教育者必定是十分高興的爲他剖析，這種對答是早年教育的最大部分。如果兒童一問到關係於性的事件，那教育者必定搖頭而阻止他的發問，即使不加以制止，也必定抱著羞態、吞吞吐吐的敷衍。兒童一注意到這種情形，更是觸動他好奇的感覺，於是貪淫好色的心便從此氾濫。所以回答問題時應當儘量展現和解答其他問題同樣的態度，絕不可在有意無意中隱約表露出性慾爲可恥或猥褻的意味。如果隱約表露出這種意思，便立即傳達於兒童，他們必定以爲在他的父母之間也必定有許多淫穢的事，以後必定以爲這種事件不可被人發覺而私自的猥褻。兒童一有這種感覺，無論如何終不可使他本能的情緒愉快，不但幼年是如此，即是成人也完全相同。

兒童三歲時，假使遇到他的弟妹出生時而提出問題，便應當告訴他胚胎在子宮中的事實，並且說明他本身也是由於同樣的方法所出生，使他看見嬰兒也會告訴他如此的情形。總之，其他一切關於性慾的事，應當用科學的精神對答，而不可以故意裝著尊嚴。

最重要的一點，便是這種事件首先應當由父母或教師在相當的機會裡剖白告知，而不可以從沒有受過良善教育而淫猥的兒童處學習。記得我在十二歲時，其他的兒童把這種事件講給我聽，但我認爲這種情事全然是淫猥不堪而只當成一種無意的笑談，和我同時代的人幾乎都有這樣的經驗。因此，大多數人終身以性慾爲可恥、爲無上的淫猥邪惡，結果常常鄙視婦女，甚至鄙視他的親生母親。父母雖然知道他所得來的知識錯誤，但仍然採取卑怯的態度希望倖免，這種應對的影響，自然說不上增進衛生與道德。對於性慾，起始便應當視爲自然的、愉快的正當事，不然，只有傷害男女間和親子間的關係。只有互相愛悅並且愛他的兒女，父母間才有最善良的性慾。兒童從他父母的關係而領悟到性慾，相較那從猥褻的事件而獲得的印象，要正當而有益得多。如果他已經知道父母間的性慾的祕密，而父母仍然遮掩著不讓兒女知道，那更是無益的。

如果並沒有其他的兒童用不正當的方法告訴他性慾的事件，那麼自然可以等待到兒童萌生好奇心之後，父母再加以解答。一切的事件應該在青春期以前讓他知道，這句話非常重要。假使在這以前，沒有絲毫的準備，而忽然遇到身體上、情緒上極大的變化，那便是極端的殘忍，或許因此而發生種種的疾病。況且性慾問題的全部，無論男女都不能用科學的精神去控制，但在幼年時代卻沒有多大的困難。所以無論男女，在青春期以前應當知道性慾的特質，不是猥褻的事情。

那麼，在青春期以前何時讓他知道呢？這完全依著他的環境而決定。對於好奇而活潑的兒童應當早點告知，對於遲鈍緩慢的兒童應當遲一些告知。但無論如何，必須使他的好奇心獲得滿足，雖然兒童的年齡很幼稚，但一遇到發問便應當加以解釋。父母的態度，應當處之安然，使他有發問的欲望時便敢於發問。如果他不能趁機發問，必須在十歲以前告訴他；但如果不和其他的問題相混雜，卻也有許多的共同之點。

第一是衛生，應當要讓少年知道性病的危險，以免有這種疾病的發生。應當告訴他實際的情形，然亦不可以言之過分。一面要注意如何防範的方法，一面知道如何醫治的管道。如果僅僅教以在道德上所應知的方法，只把他看成不幸的分子使他罹著疾病，甚至認爲罪有應得而不顧，是大錯特錯，就像是我們看見有被汽車輾傷的人不可以怪他疏忽而不加以援助。上述兩者的痛苦常常加在無辜者的身上，任何人不能因爲兒童有梅毒而把他視爲惡人，和我們不能把不留心而被汽車輾傷者視爲惡人一樣。

青年應當知道有兒女是一件極重大的事，應該告訴他不能保護兒女的健康和幸福便不應該生育。應當要讓女子知道他日也可能有做母親的一天，必須學得許多知識，以便日後應用。無論男女，都應該具備生理學和衛生學的知識，如果自己不傳授給子女，恐怕他人從中用不良的方法傳授。如果能夠藉討論動植物的生殖而刺激他的好奇心，那是最適當的方法。不必選擇一定的時期而莊嚴著態度看成重大的事，應該視爲日常極普通的問題而隨機解答。

在今日的社會，我自然也沒有必要堅決的主張女子和男子應受相同的對待。當我幼小的時候，那一般所謂善良的女子在出嫁時大多數不知道嫁的意義，而必須在他的丈夫之下學習，但近日這樣的事實自然是不多見了。世人都已知道在今日的時勢之下要以無知爲美德，全然沒有價值可言，女子應當和男子無異，應有她享受知識的權利。如果仍然還有固執反對這種情勢的人，固然沒有和他爭論的必要，同時更不配閱讀本書。

我並不是建議教授狹隘的性慾道德，這裡面意見紛歧，議論更不一致。基督對於穆罕默德，天主對於新教，自由思想家對於崇拜中世紀者都各不相同。凡是父母們都要親身以性慾的道德教兒童，我們自然不願以國家的權威強加人民若無「做父母的愛心」，便不是賢良的父母；即以「做父母的愛心」一項而論，他們應該學習的知識已經非常繁複。有本能而不以知識做後盾便不能養育兒女，這恰和有知識而沒有本能一樣。有智慧而能了解愈多知識的女子，愈是樂於做賢良的母親。現今曾經受過高等教育的女子，對於這一點大都近於忽視，以爲不能使用他們的智慧；因爲有這種毫無價值的主觀存在，她們的思想也便難以轉變。本來每一個女子應該都是賢母，但她們卻和「賢母」背離而不悟。

在性慾教育中還有一事是不可缺的：不能視嫉妒爲當然的事，原是有嫉妒心的一方的苦惱而加非理於對方。我們知道，凡是愛參雜了其他的成分，便失去了活力而減損了它的內涵，如果沒有參雜絲毫其他的成分，便足以使他的內涵圓滿而使生活的興趣增加。從前的父母沒有認識清楚，往往破壞了他和兒女間的關係而不自知，夫婦之間也由同樣的錯誤而破壞了彼此間的情感。愛情不是人爲的義務，因爲他不能被意志所管轄驅使，它是自然產生的一種天性。一般人很少能發覺這種自然天性之珍貴價值，大都把它緊鎖在籠中以損壞了所應得的美麗與愉快；這種美麗與愉快，只可以由自然才有獲得的可能。

所以我教育兒女時，常常防止他們學知有害的舊道德。一般人往往抱持自由的主張，卻大都讓他的兒女首先學習舊道德，而只是使他解放於後日。對於這一點我很反對，因爲以我的眼光來看，習慣不只是禁制那無辜者，並且足以發生危害，那受舊教育所薰陶的人，往往以嫉妒爲合理的舉動，並且積極的或消極的被性慾苦惱所圍困。我不教以無論何種情勢之下終身對同伴要誠實，或教以婚姻是永久唯一不可變移的事實，如果以嫉妒爲美德，那麼這種事實必定釀成許多衝突，如果兩方對於這種道德觀念比較放任，便不致有這種衝突的發生。

在最後應該注意的，無論父母或是教師，對於性慾所表現的態度應當是科學的，而不應當是情緒的或是獨斷頑固的。例如我們可以說：「母親向女兒說明性慾時，可以用端莊的精神說明她天性的進程」，又如「母親向他兒子說明性慾時應該用端莊的精神」，這種說法一般人看來似乎沒有什麼弊病存在，但在我想來，應該和說明蒸汽機的構造一樣，絕對不需要所謂端莊。所謂端莊（reverence）的意義必含有一樣特別的態度和聲調，從這種態度和聲調，兒女可以推知到關於性慾尙有許多特別性質存在，因此必至於貪淫好色。假使我們對於性慾問題不和其他的問題同等看待，那麼結果反倒不能獲得所謂的高雅和端莊。

第十三章　幼兒園

對於爲兒童養成有益於他日幸福的習慣，在前面幾章裡已經將方法大略說過。但是對於由父母予以訓練、或者由爲了這種措施的方法而設立的特殊學校予以訓練，卻還沒有提到。關於這一點，以大體而論多贊成學校。這並不是完全爲了站在貧窮的、無知的父母與勞頓的兒童立場著想，實在是至少能以城市居住的所有兒童爲目標。我們知道，在馬克米蘭（Miss Margaret Mc Millan）幼兒園裡的兒童，他們所得到的成績，比起現今任何富豪子弟所得的成績要優良。我非常的熱望這種學校能擴充到各處而教育一切的兒童，現在不妨來討論何以必須設立這種學校。

幼年時期，從心理學和醫學兩方面而言，是最重要的時期。而心理學和醫學更有互相錯雜的關係，例如：恐怖使兒童驚喘，由驚喘而可以產生各種病症。這種相互的關係非常複雜，如果沒有心理學和醫學的應用，便不足以應付兒童的品性和健康的問題。

但一般的父母，大都不能具備關於這些新知識和閒暇以訓育兒童，在沒有受過教育的父母更是困難，他們自己不知道適當的方法，就是有人從旁教他，也不肯信從。我曾居住在海濱的農業區，那地方容易獲得鮮美的食物，天氣非常溫和，我爲了該地非常適合於兒童的健康而擇居那裡，但那些農夫商人的女子都是面色蒼白、身體衰弱，因爲他們只知道多吃，而不知道加以運動。那些農夫和商人對於他們的子女，從沒有教他們去海濱遊戲，以爲濕足便會染上極危險的疾病。出外的時候，必須穿上羊毛外套，雖在夏季最熱的天氣也是如此，對於遊戲一事便認爲吵鬧，步行時必須和紳士一樣的神態，不可稍有急促的表現。而晚間卻允許他們深夜不睡，並且給他們許多不合衛生的食物，他們無法理解我的兒女成天的在外面遊玩而不凍死，但是始終沒有方法能夠勸他們改變。這並不是由於貧窮或不愛他們的子女，實在是由於沒有受過教育的原故。

就曾經受高等教育的父母而論，雖然知道如何教育兒女，而他們的時間上也有相當的閒暇，卻無法像幼兒園那樣會有良好的成績，最重要的原因便是兒童不能得到相當年齡的同伴。假使家庭成員過少，兒童只有注意他父母成長者的行動，結果或致發生腦病或是早熟，父母也會缺少經驗不能獲得兒女的安慰。除了富豪之家之外，大都不能具有寬大的園地以及一切適於兒童的環境。這種種條件，若僅是少數的富戶具備，那兒童必致產生出驕傲的心理，這種驕傲便足以產生弊害。所以我認爲雖是富戶的兒女，自兩歲以上也應當送入相當的學校。

因爲父母的條件不同，最近有兩種學校。福祿貝爾（Froebel）學校和蒙特梭利（Montessori）學校是爲了富豪的子女而設立的，其他的許多幼兒園是爲了最貧窮的子女而設立的。爲了貧窮的子女而設立的幼兒園以馬克米蘭小姐的學校爲最完善有名。我認爲凡是愛子女的父母都應該閱讀《馬克米蘭小姐》一書。我相信無論何種爲富家子女而設立的學校的成績，都不能和馬克米蘭小姐的學校相比。第一，便是由於她的學生眾多；第二，由於她不被瑣碎的事件所煩擾，她的目的是在可能範圍內，要把從一歲到七歲的兒童在學校中教育，雖然一般教育家主張兒童到五歲應當送入尋常的初級小學，但她並不因此而依從不移。兒童從早晨八時起進校，到晚間七時返家，在學校吃飯，任憑他們在室內遊戲，室內的空氣非常新鮮。兒童入學校之前，無論男女都必須加以診察，如果遇到不健康的情形，便讓他住在病室中或住在醫院中醫治。既經進了學校之後，除了最少數的例外，都很健康活潑。學校裡有一處美麗的大花園，任憑兒童遊玩。她的教授法以廣義而言，和蒙特梭利很相近。雖然晚間和星期日，兒童在家中和貧窮墮落的父母相處，但無論在身體方面與知識方面所得的成績，都能和中等階級最優良的子女相等。現在徵引馬克米蘭小姐關於七歲學生的言論如下：

他們都是高而挺拔的兒童，即使身高不高，卻是非常挺直，大體看來，都是體格強壯而和善的兒童，他們的皮膚清潔，眼光明亮，頭髮整齊，無論是哪一個，都要比一般上中階級最優秀的兒童更優秀一層。在體格方面不僅是如此，精神方面也都非常活潑，而能向新生活新經驗中努力。他們讀書口齒清楚，完全沒有錯誤。他們寫作辭能達意，都能很自如的應用，英語流暢而且準確，並且能了解語法。不但能夠自助，並且能夠扶助幼小者或年長者。對於計算及設計更能有許多學理上的準確。兒童起初進學校的數年，都是在愛、平靜和愉快的空氣中生活著，最後的兩年卻都能樂於經驗和實踐。對於花園裡的工作，如種樹、澆水、培養樹木、飼養禽獸等，他們都能打理。舞蹈、唱歌，以及許多種遊戲技巧，他們也都具備。這樣的兒童，才是可以進那幾千人的初級學校的兒童。

但這時將如何處置這樣的兒童呢？初級學校的教師作業必須因這些整潔而強健的少年生活而加以變更。如果我們的幼兒園不走入失敗之途，不化爲毫無價值的東西，一定能予小學及中學最有力的影響。這些新兒童接受教育，不但影響於一切的學校，而且更能影響到我們整個的社會生活，如政府的組織，法律的訂立，以及我國和他國的關係，都將因這種新人民而大加改變。

我認爲這並不是過甚之言，假使幼兒園能普及到各處，一代以後我相信必能打破現今因階級產生差異的教育，而養成一般精神活潑身體健康的國民。絕不會有今日僅限於少數幸運者，尚不能除去疾病、愚鈍、邪惡等等的惡果。依一九一八年的教育法案，幼兒園應以政府的經費加以獎進，但後來的決議，認爲新建潛航艇、建築新加坡軍港和爲與日本作戰的準備比教育更爲重要，便忽然中止。現今政府每年用數百萬的經費貯藏加拿大的牛乳而不食丹麥的純粹牛乳，爲達到這種目的使全英國的兒童仍然陷在疾病、苦惱、愚昧之中，假使每年用數百萬的經費於幼兒園，那麼這種罪惡可以一概免除，現在已爲人母的婦女，都已獲得投票權，但他日是否能做謀子女幸福的措施，還是一個問題。

且不去管廣泛的論述，就狹義而言，看護兒童的確是一種最高技術的事業。現在且再來看一看馬克米蘭小姐的言論：

幼兒園中的兒童，身體非常強健，不但那貧民窟中鄰居的兒童遠不及他們的高大，就算是那些居住在完善地區的中等階級兒童也是比不上。由此可以知道在「父母慈愛」和「父母責任」之外尚有其他的要件存在。《經驗法則》（*Rules of Thumb*）已經失敗，沒有知識的父母慈愛也已經失敗，而兒童的養育卻未曾失敗。這實在是一種最高技術的事業。

馬克米蘭小姐又說：

幼兒園唯一的大結果是兒童能將現今所訂的課程早日學完。只需現今初級中小學校中一半或三分之一的時間，就能把一切的學科學習完畢，而能再準備進一步的學習高深的科學。簡單的說，如幼兒園果眞是一所眞正育兒的地方，而不僅是托育的場所，那麼到六歲時必定要大大影響到全體教育的制度。必定立刻提高各學校中的教育標準，必將一切的疾病驅除、必定使學校的堅壁、鐵門、遊戲場、大講堂見到這些兒童的偉大而驚訝。學校教育，因此也必定得到發展的機會與途徑。

幼兒園的地位是：

它是處於早年的道德訓練和以後的教學訓練的中間，兩者同時並舉，互相輔助，及至兒童漸漸的成長，教學訓練也逐漸的加多。蒙特梭利夫人在許多的學校中也以同樣的方法而獲得良好的結果。在羅馬的某大住戶裡，特地設備了一間大室，供給兒童三至七人使用，蒙特梭利夫人肩負這「兒童之家」的責任，和在德普特福德（Deptford）地方一樣，那兒童都從貧窮的地方送來，結果完全證實獲得幼年的看護，足以戰勝在不良家庭中精神上及身體上的缺陷。

從古時到今日，對於兒童教育方法的進步，完全由於研究愚痴是精神衰弱的人而來，因爲愚痴和精神衰弱者，原來和普通的嬰孩是相同的。所以要用種種迂迴的方法，因爲愚蠢的人不能用責罰的方法救治，如說阿諾德博士的鞭撻可以救治懶惰，是絕對不會有的事情。所以只有用科學的方法去誘導，而不用憤怒去對待，如果他們仍然不能明白，任何人也不應當因爲他的愚蠢而動怒或加以責罰。假使一般人對於兒童不用道德的觀念而從事於科學的方法，那麼便是今日教育不著重研究精神的缺點。「道德上的責任」比觀念實足以發生種種罪惡，例如：有兩個兒童，第一個幸運進了幼兒園，第二個是不幸而仍過那貧民窟中的生活，假使第二個兒童成長後不如第一個兒童，這是不是可以說是「道德上的責任」呢？他的父母對於因爲無知與不注意，以致使他不能受教育的事，應當負「道德上的責任」呢？還是那自私自利和魯鈍，只知爲個人的奢侈而不顧社會的幸福的富人，應當負「道德上的責任」呢？兩者都是環境的犧牲品，都有兒時在學校中養成的不良的品性和智慧，無論哪一方來負這「道德上的責任」，都沒有意義。

教育本來和其他的一切事物相同，這裡面有一種唯一進步的途徑，便是以愛運用科學。沒有科學，愛便失了力量，沒有愛，科學便要破壞。改良教育，都是那愛兒童的教育者的作爲，都是出之於那知道運用科學方法去教學的教育者。從前「科學」和「愛兒童」很少同時存在。由科學的方法以塑造少年的心理，是有很大的力量的，但一旦誤用，卻也非常可怕，假使運用得不得法，那便會得極殘酷凶惡的結果。對於兒童可以假宗教、愛國、毅勇、共產、平民專政以及熱心革命的種種主義學說的名義，而教他偏執、頑固、好戰、蠻橫。所以教者應當出於愛心，並且以愛爲目的。「喜愛兒童」，在社會中占有很大的勢力，我們從減少嬰兒的死亡率和教育的進步等種種事件上可以看出。可是，勢力仍然太小，不然那些政客軍閥必不至於做許多殺人侵略的計畫，犧牲了兒童的幸福。但事實上，這種努力是已經存在而在日漸膨脹了。

今日的事實，那些鍾愛兒童的人，同時大都懷抱著一種不良的憤怒，以致兒童成長時便把他驅入無意義的戰爭而置之於死地。假使人們由愛兒童的心理擴展以至其成長，又何曾是困難的事？那愛兒童的人們也知道把這種同樣的心作爲晚年父母的安慰嗎？既然養成了他強健勇敢的身心，難道不能用他的強健勇敢去創造一種良好的世界嗎？科學的能力都可以做兩方面的運用，這種選擇，是在於「愛」和「恨」的中間，但「恨」卻又大都埋伏在今日所謂道德家的掩護之下和巧辭妙論的雲霧中。

第三篇　知識教育

第十四章　一般原則

品性的養成，是幼年的事，如果運用得適當，在滿六歲時，基礎應當已經完成。但我並不是說從此就成爲一種不變的特質，因爲無論在什麼時候，環境的情勢都足以使他變化。我的意思是說：無論男女，在六歲以前既經受過各種相當的訓練，以養成適當的習慣和欲望；假使在六歲以後對於環境能再加以相當的注意，那必能引導到正大光明的道路而不致迷入歧途。兒童既進入學校，在六歲前已經享受過良好的訓練，繼續著有良好的環境，便無須教育者過分注意，對於道德問題也無須時時訓練，因爲以後的時間，應當著眼在智慧的教育方面。但我並非將這個認定爲不變的法則，我不過是把它當成一種尋常的原理，而使教育者知道我們致力的方略。我始終深信：兒童到六歲曾經受過良好教育，教育當局總應該竭力注重於純粹智能的進步，從此增進我們希望的品性得到發展而入於更廣大、更良善、更正確的境域。

如果教育受到道德觀念的壞影響，不但有損於智慧，並且有損於特質（天性和品性）。我們不應當以爲何種知識爲「不善」，何種無知爲「善」，凡是知識授予而後知的，自然應當爲了知識而授予。而不可以授予知識爲增進道德或政治爲目的；教授的目的，從學生方面而言，一半是爲了滿足他的好奇心，一半是爲了養成技術使他的本身能自我滿足好奇心。從教師方面而言，也必定是爲了某種有效果的好奇心，好奇心雖然完全注於學校課程以外的方向，可是絕不宜使他意興闌珊。這並不是說學校的課程可以中斷，不過是說對於好奇心應當視爲寶貴的東西，並且應當告訴兒童在課後如何才能滿足好奇心的方法，譬如說，滿足好奇心的方法可以在書本中獲得，那麼便應當教他到圖書館去閱讀書本。

對於這一點，還有一個問題應當首先討論：假使兒童的好奇心不健全或不正當，將如何對付？如果他對於淫猥或拷打的事有濃厚的興味要怎麼辦？如果他專門喜歡窺探他人的行動將怎麼辦？這種種好奇心，是否可以鼓勵？在未解答這問題之前應當先來區別一下。最須注意的，是我們不應該為了這種問題使兒童的好奇心繼續受到限制。但我們不可以使兒童有「欲知此等情事是不良」的感覺，或有「我們設法不讓他有這種知識」的感覺。這種知覺所以被人注意，都是由於被禁制的原故。禁制和道德的恐懼，卻是不合理的處置，如以淫猥的事情而論，便是最普通且重要的例證。我認為凡是兒童，無論男女，他們對於某種情事必定和其他的事件同等看待。兒童有了淫穢圖片時，必定以他能得到這種東西的手段自豪，而能知道同伴所不知道的事，如果他關於性慾的事和其他的事一樣公然坦白的從教師處獲得，那他對於這種淫穢圖片一定沒有絲毫的趣味，至多看成普通的圖片一樣。如果兒童受過這種教育而仍然有這種興趣，那應當給專門的醫生處理。處理的方法應當先鼓勵他自由的敘述他的想法，繼續告以種種事實，然後漸次告以專門科學，及至完全坦白的說出，使他達到厭聽的程度而終止。當他覺得他無所不知的時候，他所知道的必沒有多大的趣味，那他的疾病也就可以排除。最重要的一點是知識的本質並不惡，但因偏注於一特別的事情所以成為「不善」。起初須用使他注意其他事件的方法，如果這方法不能治療，便當儘量將他所傾注的一事給予解決而使他厭倦為止。如此一來，那他的興趣便不致成為病理，而會是科學的，等到已經得到這種結果時，便可和其他的興趣同等的合理而不致蔓延。這是治療狹窄的和病理的好奇心的適當方法。如果加以禁制或是道德恐懼，那不但於事無補，並且必不能避免種種的危害。

教學的目的雖不是增進品性，但也有許多條件是品性所不可少的，同時又是獲得知識所必需的。對於這一點，我們可以叫他是「知識的美德」。這是由於智育的結果而產生，而做學問時爲必要的結果而產生，並非因爲他本質是美德而去求得的。在這等品性中重要者是：使好奇心坦白，知識固然難得，但並非不可得，而要忍耐、勤勉、專心一志、精確。這些完全是以好奇心爲基礎的，假使好奇心所傾向的目的適當，他所發生的事便都是同樣的適當。但好奇心自然也不能具有絕大活潑的動力做全體知識生活的基礎。兒童常常具有要做某種困難事件的心理，他所得的知識在兒童心中必定以爲是技能，正和遊戲與體操的技能一樣。我們知道，兒童所得的技能，一部分往往只是爲了學校功課的原故而得到的，但假使在學校功課以外的事件能表現出來，便是他所獲得重要的技能。知識和生活相分離，雖是在學校生活所不能免，但不能不算是一樁恨事。無論如何，我認爲純粹的好奇心是最重要的東西，因爲若沒有純粹的好奇心，那麼許多有價值的知識（如純粹數學）便無從發現。也有許多知識雖然不能說是多麼有用，但它本身價值很大。我們不願青年在一切知識之中，追求一種目的，因爲沒有私心的好奇心是青年的天性，而且是最有價值的源泉。

要求知識時，當時存在的固有態度必須是坦白虛心的，如果不能坦白虛心，大都是由於其他希望和「我已經知道」的自信心相混雜。這種情形，在幼年時期較多而在成年以後較少，人的行動和對於知識方面懷疑的事件必須加以決斷，牧師對於神學，兵士對於戰爭，都不能期其公平。律師如果得不到金錢的報償必定主張有罪必罰；校長必定贊成他平日所習見習聞的教育制度；政客對於能給他官做的黨必定要信奉黨的主義。凡是已經選擇了一種職業的人，便不會時常思索其他事業的美惡了。所以在成長以後，坦白虛心的態度雖然必須保持，但眞正具備的人卻很少。青年應當鼓勵他遇事沒有成見，辯論的結果即能犧牲一切意見而採納。這種事件便是包含在行動無絕對自由的思想自由之中。雖然兒童在受教育期間應使有寧爲海盜不受教育的自由思想，但不能因讀冒險小說便跳躍海中。

專注力是最有價值的本質，但不經教育而能獲得的很少。這種能力的產生，在一定範圍之內隨著年齡而增大。極小的嬰兒，很少能思想一物達於數秒鐘，到漸漸成長後，思索力便增大而不易變動。但沒有相當時期的智慧教育，也不能具有相當的專注力。完全專注力有三種性質：強度的、延長的、志願的。強度的可以用阿基米德（Archimedes）的故事來表示，當羅馬人（Romans）攻克敘拉古（Syracuse）城時，他將被殺，但他仍然在專心研究數學問題，集中意志於一事物且能耐久，實爲解決難題及了解複雜事物所不可缺的條件。像這樣的事，如果因爲目的物具有無窮的興味，自然而然令人集中意志的是最好。一般人對於機械的疑問能集中思想很久，但那本身並沒有何等的用處。如果使他作眞正有價值的專注，那麼所專注的必須在意志能管束運用的範圍之內。我認爲即或有許多知識，他的本身雖沒有興趣，如果我們要去獲得，便可以勉強的使他和有興趣的事物一樣地去獲得。凡是高等教育所給予的，大都超乎一切意志之外。關於這一點，古代教育實在有值得讚美的地方，我對於現代教育關於教人志願忍耐是否獲得成功的結果，非常懷疑。但假使現代教育中果眞有這種缺點存在，也並不是沒有救治方法的。

忍耐和勤勉，應當從善良的教育而產生。在從前，往往以爲只可以從外力壓迫而養成的良善習慣中才能獲得。這種方法，固然也有許多效果，但最好鼓舞他制勝困難的野心，而鼓舞的方法可以區分困難的等級，成功的愉悅或許在起始便能獲得，這可以得到忍耐堅持的報酬經驗。

精確，一向不爲教育改革家所注意，巴拉德博士（Dr. Ballard）曾說英國的初級小學對於此點稍有進步，但未能盡善，他說：

> 當一千八百餘年到一八九〇餘年間，學校年終考試的方法、考試的結果和所期望的很能相合（當時英國的學校經費，只是一部分由國家擔負，須視該校兒童試驗的成績如何而定）。但如果用同樣的方法試驗今日同年齡的兒童，結果一定遠不及從前，以全體而論，在今日學校中所做的工作——即以初級小學而論，遠不如十五年前的精確。

巴拉德對於這一點。在他的著述中說得非常詳盡。

今日主張新方法者的困難，便是精確（exactness）和耐勞（boredom）相混淆。煩擾僅由教師加之很不適宜，若學生志願忍受煩擾耐勞以滿足他的欲望則不過當，那就很有價值；鼓動兒童不易滿足的種種欲望，是教育所應當注意的事——如學習計算法，讀荷馬（Homer）、拉胡琴等，各有各的精確。有能力的兒童、能經過長久的倦怠且樂意服從嚴酷的紀律，以企圖得到所渴望的知識和技能。那能力較小的，如果以鼓勵的方法教導，必定能夠助長他的欲望，教育中最大的勢力便是兒童的好學，而不是教育者的權力。要獲得精確的知識而容易倦怠，是任何「美德」所不可少的過渡現象，而這種事實應當用適當的方法使兒童明白，新方法對於這一點之所以失敗，都是由於方法的不切當。

精確的種類很多，各有各的重要之處，最大的如肌肉的精確、審美的精確、對於事實的精確、論理的精確。兒童不論男女，從各方面都能觀察到肌肉精確的重要，這是管束身體所必要的條件，凡是健康的兒童都竭力希求，以期日後從事各種運動時能獲得榮譽。但更有其他的形式，與學校教授者的關係更大，如言辭清晰的演說、優美的書法、音樂器具的精確彈奏，兒童對於這等事物都由於環境如何而決定重要或不重要。審美的精確，很難決定，但審美的感覺廣布之處，兒童必定是依據一定的表演方法或習慣學習，和跳舞唱歌一樣，是他們所喜愛的。可是必須依照舊法而沒有絲毫的差異，這很足以使兒童感覺微細的區別，實在是精確所不可少的要件。表演、唱歌和跳舞，以我的眼光來看是教授審美的眞確的最好方法。圖畫次之，因爲那必須以模型爲判斷，而不以審美的標準爲判斷。呆板的表演固然也要和那原來的模型相同，但那模型是由於審美的動機而產生，所以要去模仿，便是因為它已具有「善」的標準。

對於事實的精確，當為了那本身的原故而進行時，必須承擔令人難受的勞苦。學知英格蘭歷代帝王的時代，或者知道各國首都的名稱，在兒童時實在是最可怕的事。最好用趣味和反覆記誦而求得精確。我在幼小的時候，不能記憶那許多海峽的名稱，但到八歲的時候，已能記憶爾衣得格郎所有車站的名稱，假使兒童看見電影中有一艘船繞過海岸，不久便能記憶海峽的名稱。我以為記憶，本沒有必須記憶的價值，假使有記憶的必要時，可以應用這種方法。關於一切地理學，也應當用這種電影的方法去教，而對於歷史用這種方法更適合，起初的耗費雖大，但如果用政府的力量來辦，則並不算大。這對於教育是既經濟而又有莫大的效果。

論理的精確，是在以後獲得，而不能強加於兒童的；求得九九乘法表的精確是事實的精確，到以後的程度才是論理的精確，數學便是這種教育的中心，如果把它視為獨斷的定律，那一定要失敗。定律必須學知，但在某種程度，對於定律的理由必須明白，不然數學的價值便完全蕩然無存。

要使一切教訓趣味化，到底能到何種程度並且要達到何種程度才有益呢？從前的觀念，以為多數的教訓必定是和緩的，只有頑強的權力足以使一般的男孩堅持忍耐（對於女孩，通常任憑她們無知）。今日的新觀念，卻以為應當使他們樂於作為而不厭。我贊成新觀念的心比贊成舊觀念的心堅決而有力。現今關於幼兒心理學的作家，都主張最不適宜強迫幼兒飲食寢眠，這種事應當應兒童的要求，即使加以引導亦絕對不可。從我的經驗證明了這種言論非常正確。最初我不知道今日的新方法時，曾試行舊日的方法，結果大為失敗，如果使用新方法那一定得到很大的成功。但不能說是今日新式的父母絕對不必管理寢食的事，凡事足以養成良善習慣便當努力的進行，飲食有節，食必端莊不可遊戲；寢臥有時，應該臥在床上，或可給予一種玩具的動物，但不可以給予發聲或走動等動物玩具以免使他太受刺激；假使那動物是他所喜愛的，便可以做一種遊戲，使小兒以為動物已經疲倦，應該讓牠安睡，然後大人離開使兒童一人安眠，必能立即熟睡，但不可以使兒童窺知父母的意思是要他寢臥或飲食。應該使他飲食寢臥出於自己的需要，而不是為了使父母愉快。

這種心理學，可以通用於大部分的教訓。如果強迫兒童加以教訓，那他必定以為不得已而做不想做的事以取悅他人，必定發生心理上的反抗。如果一開始便有這種現象，這勢力必定漸漸擴展，以後欲求通過試驗的心必定更加顯著，專為此種目的而努力，而絕沒有為求得知識的興趣。如果能在幼時便鼓舞兒童求知的欲望，然後給予所要求的知識，這兩者的結果必有天壤之別。要獲得這種方法的成功，有許多必要的條件，蒙特梭利夫人對於這一點行使得很圓滿：功課引入趣味，不可太難。首要宜有其他程度略高的兒童做榜樣，同時不宜在顯明處有其他愉快的事件存在。預備許多兒童可做的事物，如果兒童自願的做便可以聽從他的意思。在這種制度裡的兒童，大都是表現著愉快的自願，雖是在五歲以前的兒童，也能學習寫字、讀書而絲毫不須帶有一些強迫的意味。

這種制度施用於年長的兒童時又將如何？卻是一件爭論的問題。兒童成長，對於更遠的動作也能反應，凡事不必他的本身都有興趣，但教育的衝動，應當發自兒童廣大的注意，無論到何種年齡都可適用。環境應具有鼓勵衝動的力量，能化耐勞與孤寂以從事學問。如果兒童對於這種變化非常樂從，無論何時，便應該任他自己去選擇。且兒童稍長，自然有同級作業的必要，但個人作業的主義也可以擴張延長；假使兒童沒有疾病，但對於讀書必須加以外力的引誘，那不能算是教師之過，必定是由於早年訓練的不良。如果兒童從幼小到五、六歲時經過了適當的訓練，只要是良善的教師，都能使他產生興趣。

若眞能如上述一樣，我敢說必能獲得我們理想的目的，教師是學生的朋友，而不是學生的敵人，學生因合作而易於學習奮進，因爲不常使他受不樂意與煩擾的注意，所以能學而不厭。單獨創造的意思，不但不減少，並且會因此養成。從這裡所得到的利益，便有領導兒童用自己欲望動力以求得學知的價值，而不須教師的強迫。如果遇到少數的例外失敗，應該將那些少數的例外分開，另施行其他的方法。但我認爲採用適應兒童智慧的方法，結果會失敗的一定不多。

根據上面關於精確的討論，我認爲眞正完全的教育，未必能使他反覆的發生興趣。凡是對一件事物的求知，必定有許多艱澀的部分，假使導之得法，那一定能夠使他感覺有學知無興趣部分的必要，以致自動學而不倦，無須加以強迫。當一事完畢，便應當依據結果的善惡而加以讚賞和責罰，給他一種刺激。對於無興趣一事的重要性，教師必須使他明瞭。如果以上所說的方法都歸於失敗，那麼這種兒童當然是屬於愚鈍者之列，應該和尋常智慧的兒童分別教導，但不可以使他感覺到這是一種處罰。

除了少數以外，兒童即在幼時（如四歲時）也不宜以父母做教師，因爲訓練事業必須具有專門技術而後才能擔當，一般的父母必定沒有機會學習這些專門的技術。學生愈幼小，教學的技能愈是不可疏忽，父母和兒童在沒有正式教育之先就生活在一處，兒童對於父母已是具有許多的習慣和希望，將這種希望和習慣去面對教育，在教育上便成爲重大的障礙。並且父母盼望兒童進步的心太切，必定喜愛他的聰明而不耐煩他的愚鈍。人們不自己教導子女的理由，正和醫生不親自診治他的家人一樣。但我不是說父母連自然而生的教訓也不應當給予兒童，我只是強調對於正式的學科學習不相宜。

在教育中自始至終所必須經過的，是具有智慧的探索。社會中有許多複雜難明的事物，非有相當的努力不能明白。如果一旦明白，便獲得無上的喜悅，凡是良善的教師應當能給予這種喜悅於兒童。蒙特梭利說曾經看見兒童一旦知道自己能寫字便愉快到極點，憶起我起初學習克卜勒第二定律關於牛頓的演繹法時，也是發生至上愉快的感覺。愉快能夠像這樣純粹有用的很少。創造和單獨作業，提供兒童發明的機會，因爲足以提供精神探索的意義。總之，使教育爲喜悅而非痛苦的一大關鍵，在於能使兒童自動的就必須讓他自動，切不可使他處於被動的地位。不但如此，且要使他絲毫沒有處於被動地位的感覺。

第十五章　十四歲以前的課程

「對於教材應該怎麼選擇？」

「適當的教學法是如何呢？」

像這些問題，彼此息息相關，如果有良好的教學法，所能學得的必定較多；而樂意學習必定較厭倦學習所得更多。我對於這種方法，在前面只說了一個梗概，以後當再加以詳細的論述。本章中只假設將採用最良好的方法，而對於應教何物來加以研究。

我們一想到成人所應當具備的知識是什麼，便知道有的知識是群眾所應當具備的，有的是這一部分人所當具備，而另一部分的人所不必具備的；又有和這個相反的，有的應當具備醫學的知識，而一般人卻只須有生理衛生學的常識便足矣；有的應當具備高等數學的知識，而一般興趣和數學不接近的人只須知道粗淺的部分便足矣；有的應當知道如何吹大喇叭，而一般學生只須知道有這個必要就夠了。大體而言，兒童十四歲以前，學校中所教授的事物，應當是一般人所需要的部分；除了少數的例外，凡是專門的事物應當在以後的時期教授。但是在十四歲以前應當發掘出每一個兒童特別的嗜好和長處，以便在十四歲以後善爲發育，這是教育的一大目的。因此，科學的初步爲任何人所必須學習。

對於何者爲成年人所應該都具備的知識，我們既經決定，便應該決定所應教的知識之順序。因此，勢必先教最易學的知識。根據這兩點，前幾年的學校課程大都可以決定了。

五歲時的兒童能讀能寫，這是蒙特梭利學校的要務，不然便要有增進的方法。並且這時兒童之認識發展，也應當具有相當的程度，有繪畫、唱歌、舞蹈的能力，許多兒童有專注意志於一事的力量。兒童在這時期對於這種事情無法完全成熟，必須再經過一段時期的訓練。凡是專用精力的事，在七歲以前不宜教授，而只可以教授相當的技術即可減少困難的事。數學是兒童們所不喜歡的（我幼時曾因記不住九九乘法表而啼哭），但如果用循序漸進的方法留心教授，如用蒙特梭利的教具一樣，那就不會使兒童感覺到艱難而忍受著痛苦。如果用了便利的教具，對於記憶定律必致產生排斥。所以要將這種科學加入最初學年課程而使它趣味化，實在是一件極困難的問題，但相當熟練的程度是實用所必需的。況且數學更能引導人求得精確：對答一數，是爲了「正」或「誤」，而不是爲了「興味」或「提示」，這是使數學在最初數年教育中成爲一種重要科目的原因，和實際的功用沒有關係。但應該留心漸次減少的困難，而每次的時間不宜太長。

在我小的時候，教授最不得法的是地理和歷史。我最怕地理課，而歷史卻一向爲我所喜歡的，所以還可以勉強。這兩種科學，如果教授得法，雖是極幼小的兒童一定也能喜歡。我的孩子雖然沒有經過正式的授課，但他所知道的地理比看護更多，他的知識完全由於喜愛火車輪船而來，和其他的兒童一樣。他欲知道他所想像的輪船的途徑，當我告訴他往中國的道路時，他聽得津津有味。然後等他自動提出學習意願，在他願意時我便把途中各國的風景儘量給他觀看，有時還強迫我打開大地圖指示途徑給他看。他從倫敦到康瓦爾（Cornwall）每年做兩次的旅行，在火車中特別的快樂，所有火車站的名稱都記得非常清楚，他非常喜歡研究南極，而不知道何以沒有東極、西極。他知道法國、西班牙及美洲在哪裡，並且能說出這些國家的許多事物，這都是由於他的好奇心反應而得，絕沒有受到何種的教訓。任何兒童，到他知道旅行的意義時，都喜歡地理。所以用電影描述關於旅人的故事或繪畫，都能教授地理。關於地理的事實知識，用處很大，可是並沒有眞正的智慧價值。但如果用繪畫、表演而使它活現，也足以滿足他想像的欲望；例如：使他知道那很熱和很冷的國度、平原和高山的國度，黃色、黑色、棕色、紅色、白色等等的人種。這種知識，足以減少環繞於想像周圍的阻礙，使他稍長時易於感覺具有各種不同的國家存在。因此，極幼小的兒童也可以教以許多的地理，他們一定很喜愛。在以後可以給他有插畫的書籍，內容有圖畫、地理，和說明關於世界各處普通的事物，使他自己把關於各國的短小文字詞彙集起來而自動的閱讀。

凡是適用於地理的方法，也能適用於歷史，但因兒童時期的感覺較遲，所以歷史一科以稍後教授爲宜。歷史一科到五歲時教授才有相當的利益，起初應當用著名人物有趣味的故事，而加以描繪去教。我在五歲時曾有繪畫的英格蘭歷史一冊，敘述瑪蒂爾達女王（Queen Matilda）在阿賓頓（Abingdon）踏冰過泰晤士河的情形，到十八歲我踏冰渡河的時候，從前的印象完全呈現在眼前，並且覺得史蒂芬王（King Stephen）在後面緊追著我，像這種故事，自然是感人極深的。兒童讀到亞歷山大（Alexander）的故事，沒有不發生興味。哥倫布的故事或許可以屬於地理，在兩歲以前能知道「海」是什麼，對於這個故事便能發生興味。兒童在六歲時應該能讀世界歷史的大綱，如威爾斯（H. G. Wells）或房龍（Van Loon）所著的那樣，簡單明瞭，輔以插畫，如果能同時利用電影那更好，如在倫敦的兒童可以教他觀看自然歷史博物館的怪獸，但若未滿十歲卻不宜帶入不列顛博物館。教授歷史時所應當注意的，便是不宜將我們成人發生興味的事物，讓那不成熟的兒童觀看。

我們說明野蠻人蜷曲於寒冷之下，不知熟食，應當表明火的來歷和發明後的結果。和這個相關聯的，可以敘述普羅米修斯（Prometheus）的故事。再延伸敘述尼羅河沿岸農業的起源，和牛、羊、狗馴爲家畜的情形。再延伸說明船的進步，從小划船而至於航海的大船，說明城市的擴大，自穴居的殖民地進而爲倫敦、紐約。並且延伸說明文學的創進和進步，告以希臘的簡單而短促的光榮歷史、羅馬文明的傳播、羅馬以後的黑暗，以及各種科學的起源。這全部的故事，即使極幼小的兒童也一定很有興味。關於一切戰爭、殘殺以及凶暴的事件可以說明，但對於以武力戰勝者不可加以稱讚。眞正的戰勝者，在我所教的歷史中，是那能夠對內對外除去黑暗放大光明的人物，如：釋迦牟尼、蘇格拉底、阿基米德、伽利略、牛頓等，和那幫助我們管束本身或制勝自然的權力者。我們必須確定一種爲人類建立標準的良好觀念，如果我們人類只是從事於戰爭和其他有害的事件，便是虛僞邪惡，如能從事於人類各種幸福的創造和努力，便是眞實和良善。

學校裡對於起初學習時，應當替兒童安排舞蹈的時間，因爲舞蹈不但有益兒童身體的健康，並且能使精神得到滿足和足以訓練審美的感覺。團體舞蹈，在學知基本跳舞以後便可以教授，這是一種合作的形式，是兒童最容易認識的一種模式。唱歌也是如此，但應當比跳舞晚一點，因爲這基本上更困難，且不能同樣的給予兒童肌肉上的愉快。大多數的兒童，都喜歡唱歌，在學得看護歌以後，便可以教他眞正優美的歌。不可以在事前破壞他的嗜好而在事後再行糾正。兒童和成年人相同，關於音樂的能力各異，所以凡是難唱的歌，應該加以選擇以教成年人，並且唱歌應當任人自由選擇而不可加以勉強，不然便完全背離了音樂的本質。

教授最易發生錯誤的是文學。無論長幼，能深通文字，知道詩人的時代和他的作品等，都不能有絲毫的用處。凡是能夠記憶書中一切的，都沒有絲毫的價值，它的價值在於熟悉某種優美文學的通例，熟悉後便足以影響他文章的體裁，不僅影響於作法，並且影響於思想。在古時《聖經》對於英格蘭兒童的影響很大，它對於散文有莫大的助益，但現代兒童熟知《聖經》的很少。我認爲文學的良好結果，除非心領神會必不可得，這種方法，往往主張爲訓練記憶力的用處，但心理學家認爲這種方法絕對沒有效力，新教育家們也日漸忽視。可是我卻認爲不應當如此，並不是因爲它具有增進記憶力的力量，而是因爲在演說以及作文時，它能幫助達到「優美」。這是自然發之於思想中而無須費力的，因爲如此，所以在審美衝動的社會中，必須養成一種思想習慣。這種思想除非熟曉優美文學，否則不能獲得。我把熟讀的心領神會視爲重要的理由便在此。

如果僅僅學知許多片段的如「慈悲的性質」和「世界像戲臺」等，似乎不能使兒童產生喜悅，並且近於造作虛飾而不能達到目的。如暗記時能同時表演，那是更好，因爲這是兒童所喜愛的原故。三歲以上的兒童，都喜歡表演，他們對於這一點完全出之於自然，如果能夠教以適當的方法讓他表演，他必定非常歡樂。我曾經飾演布魯圖斯（Brutus）和卡西烏斯（Cassius）吵鬧的一幕而大聲說：「我情願做月亮中的犬馬，而不願做這樣的羅馬人！」我當時覺得非常的愉快。兒童在表演各種戲劇時，不僅是要知道那應做的一部分，並且應當知道整個戲劇的大部分，這樣便以遊戲的方法使戲劇永久的映在內心。優美的文學，足以給予愉快，如果兒童不能從中獲得絲毫的愉快，也就沒有絲毫的益處。所以我認爲在前幾年中對於兒童的文學，應當限於表演戲劇，其餘可以在學校圖書館裡自由閱讀好的小說。目前關於兒童的著作，大都是屬於情感方面而毫無意識的書籍，損害兒童的身心很大，能如《魯賓遜漂流記》那樣莊嚴的便很少。因爲和兒童講感情的事，便沒有結果可得。從來沒有兒童認爲他的作爲是一種兒戲的，他往往要來學成人的舉動，所以關於兒童的書籍絕不可用兒戲的方法去書寫。今日不斷的出版許多無意義的兒童書籍，罪惡之大實難以想像！不但是使兒童疑惑，並且擾亂他精神上的衝動。所以凡是最好的兒童書籍，必定能符合兒童的身心，雖是爲了成人而著的書籍而當作兒童書籍也沒有妨害。這裡有一例外，如路易斯・卡羅（Lewis Carroll）所著的《愛麗絲夢遊仙境》一書，雖然是爲了兒童而著，卻也可做成人的讀物。

語言問題，成爲現今最不容易解決的問題。兒童時期，大都能學知完全現代的語言，可是成長以後卻不可，所以在早年教授語言是非常重要。有的人以爲如果教其他種語言，便會妨礙本國的語言，我認爲這完全不正確，托爾斯泰和屠格涅夫雖然在幼時都學習法、德、英等國的語言，但仍然能夠使用完全的俄語。吉朋（Gibbon）的法語和英語的程度完全相同，但也不會傷及英文的體裁。當十八世紀時，英國的貴族大多數學習法語，也有的學習義大利語，但他的英文比現代的人要精深得多。如果和兒童說話的人不同，那麼他戲劇的本能便足以防止此一國語言和彼一國語言混淆；我同時學習德語和英語，常常和看護以及管束者講德語，到十歲時才停止，以後學習法語，和管束者以及教師講法語，都不會和英語相混，因為所接觸的人各有不同。要教某一國的語言時，應當用某一國的人教授，不但是為了他的教授精良，並且足以使兒童感覺出於自然。所以我認為每一學校除在最初時都應當有一個法國人的教師，有能力的時候再加聘一個德國人，用法語或德語教兒童，並且時時和他遊戲，使他們能了解意義而自然對答。這樣學習語言，一定不會覺得勞苦，同時也不致浪費時間。

數學和科學，應當到本章所討論的年齡之最後時期，才可以教授。例如：從十二歲時開始教授。這時的算術自然是已經教授完畢，天文學、地質學的大意，有史前的動物，著名探險家和一切有趣味的事跡也應當教授。現在再來討論關於幾何、代數、物理、化學的教授問題吧！兒童能夠喜歡幾何、代數的很少，這不能完全說是數學的不良，對於數學的感覺，和對於音樂一樣的出於天份又有這種感覺的極不多見。任何人都應該學一學數學，以實驗他是否有學習數學的才能，即使他學習之後卻得不到利益，也必須有這門科目，用最良善的方法，以使人人都懂得幾何，但對於代數卻不用和幾何相同，因為代數較幾何更抽象，是兒童們不能離開具體事物的心所難以了解的。兒童厭惡物理、化學的心比對於數學更甚，而能樂在其中的更屬寥寥無幾。數學和科學，自兒童十二歲到十四歲時，只要教導到能夠判斷他性情是否相近便已足了。以我的學習經驗爲例，我以後雖然具有一些代數知識，但在起初卻非常厭惡。以其他的許多事件來觀察，在十四歲時仍不能決定他是否具有某種能力。遇到這種事件發生，應當繼續教授一段時間之後再來判斷；但一般而論，大約可在十四歲時決定。這很明顯地有著兩種現象：一是滿心喜悅，一是絕對厭惡。凡是愚鈍的大多數是厭惡，聰敏的大多數是喜愛。

前面對於數學科學的論述，對於古文學也能同樣的適用。在十二歲到十四歲之間所教的拉丁文，也應當到能判斷他是否喜愛或興味強弱爲止。至十四歲時，教育應該較爲專門，根據學生的性情和愛惡而定。到最後數年，應該判斷何者爲將來所應教的學科。

在學期間，戶外教育應該繼續不斷。家庭境況較優的兒童，可以任憑他的父母去負責，但家境貧困的兒童，學校不能不擔負一部分的責任。當我提到戶外教育時，並非只想到遊戲運動，遊戲運動固然重要，爲一般人所深知，但我所想到的並不在此，而是有更進一步的事件存在，這便是關於耕作的知識，了解動植物、花園、觀察鄉村的習慣等。城市裡的人們大多不知道羅盤的方向，不知道太陽從哪裡升起從哪裡落下，不知道自己的家屋朝哪裡，雖是牛、羊、狗、馬所有的知識也不能具備。這是於城市生活中封閉的結果，這或許也是工黨不能獲得農民援助的理由之一。這或許由於過分的推測，但城市生活中，人不知道日常的事實的確是現存的事實。因爲他們的生活完全是建築在輕浮虛僞的浪花裡。假使人不能完全和地球脫離關係，對於四季的景況、天氣、播種和收穫、果實以及家禽、家畜和人類有重要關係的一切事物，都不可不明瞭。凡是這種種知識，都可以由兒童的活動而獲得，並且對於身心有最大的利益。況且城市生活中的兒童，對於鄉村的趣味非常濃厚，如果教育應該走向完善的途徑，便不得不使兒童對於這些有趣的欲望一概得到滿足。

第十六章　最後的學年

對於十五歲的兒童，在暑假以後便應該使他的學科專門化。假使他沒有特別的喜好，必須繼續以從前的方法教授。除了少數的例外，都應該早已傾向於專門方面了。教育中的規律，應該保有因爲特別理由而破除的可能，但如果他的智慧在尋常兒童之上，在十四歲時便應當使他學習專門學科，在尋常兒童以下的，在學校期間除了職業訓練之外可以不學專門學科。

學校裡的課程可以分別爲三大部分：（一）古文學、（二）數學及科學、（三）現代人文學（Modern Humanities）。現代人文學中包括現代語言、歷史、文學各類。在未離開學校之前，可以分開學習，但我認爲在十八歲以後不能分開。凡是志願於古文學的，須拉丁文和希臘文同時學習，但是兩方面的輕重可以依據學習者的意願。數學和科學，起初應該同等注重，但在許多科學中不需多少數學也可以得到顯著的結果，並且有許多著名的科學家，對於數學一門都不見得精明。所以當十六歲時，可以使兒童注重於某種特殊科學，或特別注重數學，但同時不可以完全廢棄其他科學，因爲每種科學都有相通的關係，對於現代人文學一門也是如此。

功用較大的許多科學，應該人人都要學習。包括：解剖學、醫學、衛生學和成年人日用和必需的各種科學知識，但這種學科應該從早年教起，因爲這和在青春期前必須教導的性慾問題有連帶的關係；但最不相宜的是教之過早，到需要應用時卻已經完全不能記憶了。對於這一點解決的方法，可以教兩次：第一次非常簡單，在青春期以前，只是教以大綱；第二次在稍長之後，和關於健康及疾病的知識同時教授。兒童應具有關於議會和憲法的常識，但絕不可含有政治的宣傳意味。

課程固然重要，但較課程更爲重要的是教授的方法和精神，因爲它能使兒童對於作業感到興趣而不使課程太容易。精確和詳細的研究，應對於此科的書籍和講義加以輔助。數學應當分各種時機去教授，例如遇到某種機會講授數學的發明史，講授數學影響於各種科學上及日常生活上的勢力，同時暗示著在高等數學中可以得到許多喜悅的事物。歷史的詳細研究同樣應有良好的大綱做輔助，歷史大綱雖有疑惑之處亦無多大妨礙，因爲可以對兒童說明此等疑惑之處而徵求他的看法。對於科學，可以讀普通且能表明最近大概研究情形的書籍，由特別的事實及規則，可以獲得普通科學目的的觀念，並且足以鼓舞精確細密的研究。兒童不宜使他有輕易得到知識的心態。這在今日教育中是莫大的危險，便是因爲舊式的嚴酷訓練而發生的反動。嚴酷訓練的精神作業固然很好，但壞處便是斬絕了智力的興趣。我們必須求得這種困難的工作，但應當用他種新進的方法而不用舊日的訓練方法，這完全是可能的事。如美國人在大學未畢業前非常懶惰，但在法科或醫科學校卻很用功，因爲他們自己感覺到重要而非努力不可，這是事實的精神所在：學生自己感到學校的功課非常重要而自動自發努力。但如果學校的功課過於容易，那麼他們自然感到不足學而怠惰，聰敏的兒童大都喜歡在困難上用心。如果以良好的方法減少他的畏懼，今日認爲愚鈍的兒童必定都會同樣的聰敏起來。

經過教育，應當使兒童的創造力儘量發展。蒙特梭利夫人已表示這件事在兒童中能十分完滿，但對於較長的兒童應當以不同的方法教授。今日進步的教育家，必定都以爲兒童應當多做單獨作業而少做共同作業，但仍然可以在同一教室中做同樣的功課；圖書館和實驗室應當廣大，每天應當規劃一部分時間讓兒童自由作業，但必須記錄他所研究和所得的結果，這可以使得他易於記憶，可以使讀者有一定的目標而不致散漫無章，教師也易於管理。愈是聰敏的兒童愈是不須管理。凡是遇到較爲愚鈍的則應該十分周全的指導，但也只須「建議」、「提問」、「刺激」便夠了，不可以出之於命令方式。應當出題目讓他論述，以訓練他把所學的心得整理成有條理的文章的能力。

除了正式的功課以外，應當鼓勵他注意尋常重要思辨的問題，如：政治的、社會的，即使是神學的都無不可。應當使他讀各方面關於這等思辨問題的著述，而不可拘泥於一派。如有贊成某方的意思便告訴他可以參考哪幾種書籍，以支援他的觀點，使他具有和贊成或反對兩方相辯論的知能。辯論足以斷定事實的眞理，價値很大，這時教師雖有主見，也不應當加入任何一方。如果學生多在某一方，那麼教師應該站在他方說明爭辯的本旨。這樣不但可以使學生獲得修辭的戰利，而最大的效果便是使學生可以知道討論是決斷事實與說理的方法。

如果我是年紀較長的兒童學校的校長，那我對於尋常思辨問題的避免，和一味追求宣傳上的作用，便認爲是至上的錯誤。最好應該使學生知道教育是爲了造就他們有應付世人注意的問題的能力，使他們知道學問和現實生活不可分離。但不可以用我們個人的觀念加之於兒童。我們所應當做的是將對於實際問題的科學態度，展現在學生的面前。希望他們學習到產生爭議與事實之知能，在政治上這種習慣更是重要。凡是激烈的政黨，都在不知不覺間將一種神妙種子散布於社會而陷入深坑。感情往往足以消滅理智，但智者的理智同樣的足以消滅感情，所以對於這兩點都應當避免。感情如果不致破壞品性與眞實，是有益的事，理智也是如此。我們希望這種政治感情是建設的，而將理智供給這種感情使用；但它的供給須出於純正目的，不僅是付於夢想。如果在這眞實的世界中不能如願時，便逃遁於想像的世界裡以安慰自己的欲望，那實在是精神病的本源，同時也就是國家主義派神學家和神話的本源，這種品性的表現可以說是現世的弱點，消滅這種弱點實在是晚年教育中的一大目的。至於消滅的方法，可以分爲兩點：（一）增加我們在眞實世界中所能獲得的感覺；（二）使我們對於能以眞實的方法驅除夢想的事更易明瞭。這兩點都是包含在人生主義中，而這種人生主義完全是客觀而不是主觀的。

關於恐懼的事，我在前面已經論及，現在就理智的範圍內阻礙眞正的思想者加以敘述。在這範圍之內，兒童容易轉變，因爲改變意志在兒童時並沒有多大的痛苦，而成人卻不然。因此，對年長的兒童應當養成他理智思辨之習慣，兒童思想的訓練應當使他自由而不限於一端，絕不爲了一般所謂的道德而犧牲。尋常以爲教導美德必須加以虛僞，在政治便隱瞞本黨著名政治家的罪惡，如果做新教徒便隱瞞馬丁・路德和喀爾文（Luther and Calvin）的罪過；對於性慾，在青年的前面便假裝著道德家的模樣。這種種都是卑賤的，實不配做自由人。外表上須求美德，而實質上離美德愈遠。在我的學校裡，絕對沒有妨害知識的事物存在，對於本能與感情必欲加以正當的訓練而獲得美德，絕不可用撒謊與欺騙之法以養成美德，因為用撒謊與欺騙的方法養成的美德不但絕無價值，且適足以造成美德的反面。例如我們都知道，為惡而表明自己為惡的人，終要比為惡而自己表明為善的人，要良善得多。

我的用意，總括的說，在於應當養成科學的精神。許多科學家，除了在特別的範圍之外，全然沒有這種精神。我以為人人都必須具備這種眞精神——科學的精神，有搜尋眞理的堅決意志。同時必須具有一種虛心的態度，應當在獲得事實的證據以後決定，絕不可在未經證明之前便以為自己已經預知了結果。

在現代的世界中，那無謂的互相反對的各式各樣宣傳家，傳播虛偽於各處，足以引誘我們自毒自殺。因此具有批評的精神非常重要。聽見他人反覆主張便毫無判斷力以致深信而不疑，這可算是現世莫大的危害，青春期的兒童更易受外界的影響。所以，這便使現世教育對於他自身的責任愈趨嚴重化。

在最後的幾學年，應當較前幾學年更有理智的探險性。當學生正課完畢後，便應該予以機會使他自己去尋找最有興趣的事，所以功課不可過於困難。對於他的錯誤雖然應當指出，但不可帶有絲毫責罰的意味，不宜使學生有愚蠢羞愧的感覺。教育中的大刺激是使他有「凡事皆可成功」的感覺。

第十七章　日間學校與寄宿學校

男孩或女孩，應叫他們去寄宿學校或日間學校，我認爲這問題，應就各個情形及視環境與氣質而決定。每一種制度，都有它本身的利益；在某種情形之下，此種制度的利益較大，在其他的情形之下，則彼種制度的利益又較大。本章擬詳述各種論點，對於我個人子女的決定，自屬重要，我想對於一般心存良心的父母們，也是同樣的重要。

首要的問題，就是對於健康的考慮。無論如何，實際的學校，自屬可信，相較許多的家庭，對於健康有更多科學上的注意，這是顯然的，因爲學校能雇請具有新知識的醫生、牙醫和管理人員；至於忙碌的父母們，似乎比較沒有這樣醫學的知識。還有，學校可以設立於合乎衛生的鄰近之處，處於大城市的人們，即此而論，已足爲贊同寄宿學校的最有力原因。青年多過些鄉村生活，自屬優良，假設他們的父母，必須居於城市，則希望將其子女送往外面求學。前述論點，也許目前沒有多大的力量了：例如倫敦（London）的衛生，已漸趨進步，能以人工運用強度的殺菌設備，使環境達到鄉村的標準。疾病上雖然可以減少到鄉村的程度，可是大多數神經上的壓迫，還是存在。此種不斷的嘈雜，不適於兒童，也不適於成人；所應存留於人們腦海中者，爲鄉村的景象、潮濕地帶的氣味、以及清風和星辰。無論城市衛生改良的結果如何，我認爲青年人每年過一大部分的鄉村生活，依然是重要的。

另一爭點，雖然小得許多，也是贊同寄宿學校的，那就是寄宿學校可以節省時間，否則，便要把時間消磨於往返學校之間。有許多人，附近沒有良好的日間學校，則所經過的距離便爲數不小了。此種爭點，在鄉村當中是強有力的，猶如在另一方面，則爲城市居民強有力的爭點。

想要改革教育上的方法，應從寄宿學校去試行，因爲不會如一般父母所知的，都住在一個小範圍以內。此於幼兒則不適用，因爲他們尚未完全在教育權力管轄之下；所以蒙特梭利夫人（Madame Montessori）和馬克米蘭女士（Miss McMillan）的實驗，容易行之於最貧寒的人們，來從事實驗。至於相反的一面，在公認的求學年限以內，只有富裕的人們，允許把他們子女的教育，都如地理一般的廣爲分布，實則很難有任何地方，足以維持一所日間學校。如貝達萊斯學校（Bedales School）的實驗，只能行之於寄宿學校。凡屬舊式的與習慣的，他們大多自然歡迎；有少數人，則希望任何事情，都如地理一般的廣爲分布，實則很難有任何地方，足以維持一所日間學校。如貝達萊斯學校（Bedales School）的實驗，只能行之於寄宿學校。

在另一方面的論點，也很重要。學校當中，有許多方面的生活，俱付闕如；生活在這個小的世界，所有的問題，不能如世界上本來一樣。兒童只有在放假期間留在家庭，有些每人皆會遇到之煩擾，以及所獲得生活上的知識，相較每天早晚都居留家庭的兒童，似乎要少得許多。這一點對於女子方面，現時不甚眞切了，因爲她們所需要的，乃是豐富的家庭生活；但就教育上如果與男子的比例相當，則其家庭生活，亦將形成一致，就是她們現時大量的家事知識，也會逐漸消失。男孩子和女孩子，到了十五、十六歲之後，最好有一點屬於父母的職務和觀念，但不宜太多，因爲過多的確足以妨礙教育；不過總要有一點，或許可以了解老年的人們，有他們自身的生活、興趣和重要的事。在學校方面，只考量青年，一切的事情，均爲他們而設。到了假期的時候，則家庭裡面的氣氛，容易爲兒童所支配；如果流於誇大和刻薄，不了解成人生活的問題，將是完全不同情於他們的父母。

此種情狀，對於青年的愛，容易發生不良的結果。其對於父母的愛，則趨於消沉，對於人家不同的嗜好和追求，從不會學習去適應。如此，則流於某種完全的自私，覺得自身的人格，無以復加。家庭，爲此種趨向最自然的集團，因爲它是不同年齡和不同性別的人們所組成的一種個體，其職務各自不同；它是一種有機的，與同性質的個體相結合者又有所不同。父母們之所以疼愛他們的子女，多半是因他們費了許多劬勞；要是他們對於子女，沒有費什麼劬勞，那麼，他們的子女，就不會尊重他們的。不過劬勞之處，宜屬正當；應該是這樣的，就是當他們從事職務的時候，總要顧及自身的生活。尊重他人的權利，爲兒童所應領會的一件事情，而且在家庭中領會，相較其他地方要容易許多。最好兒童能夠明白他們的父親爲煩惱所擾，了解他們的母親何以爲瑣事所困，且應於青年期內，保存其孝敬之心。宇宙間沒有家庭的愛，便會流於殘忍和機械，這許多個體所組成的世界，大家都想做統治者；如果失敗了，可是又會形成諂諛。這些壞的結果，在某種程度之內，恐怕都是由於兒童在寄宿學校所養成；我認爲此項不良的結果，足以抵銷那些重要的優點。

父親或母親方面適分的反應，誠如現代心理學者所堅持的，自極有害。兒童若能如我所建議，在兩三歲的時候就進了學校，我不相信它有存在的可能。日間學校，對於幼年的兒童，就我個人的心理而言，可以使父母間的威權與和善，有一種適當的調節。從我們剛才所學的這些理由來看，能有良好的家庭，似乎顯然爲一種最好的辦法。

講到富於情感的兒童，使其置身於其他一般兒童所獨有的社會當中，自有某種危險。就大多數而言，兒童約莫到了十二歲，大都是比較殘忍而少同情的時期。最近某著名公立學校，曾有這樣的一件事：有一兒童，因同情工黨，身體上受了嚴重的損傷，兒童們與主流氣味不投的時候，自有承受嚴厲痛苦的可能。就是在最近一般進步的寄宿學校，凡同情南非洲之荷蘭人者，當波耳戰爭（Boer war）之際，曾度過一回險惡的時期。凡兒童愛好唸書，而不厭惡其功課，實係由於曾受過不良的待遇。在法國的情形，最聰敏的兒童，便入高級師範學校（The École Normale Supérieure），不復與普通的兒童混在一塊。這種計畫，自然有它的好處；能夠防止有才智的人們，不致被破壞他們的腦筋，而形成如普通粗野之徒的阿諛，一如此間許多這樣的情形一般；遠可以避免爲不足稱譽的兒童所應遭遇的那種壓迫和困苦。對於聰敏的兒童，可以採取適當的教授法，其進步之速，比起聰敏較低的兒童，要快得許多。就反的一面而言，則足以使才智的人們，在將來的生活離開了社會上一切的人們，也許足以使彼等對於普通的人，不易於完全了解。雖然有此種缺點，但在整個方面看起來，比起英國的上等階級，把一切有特別腦力或有特殊道德的兒童，完全置諸犧牲的實習中，這種作法反而是比較優良的。

兒童的野性並非不能補救，而且事實上，不如正面地回應它。在《湯姆求學記》（*Tom Brown's school Days*）裡面，給了一種可駭的描寫，要是運用到我們今日的公立學校，便會是誇大了。兒童們單有前面所學的那種初期的訓練，也依然是不甚適用的。至於男女共學的問題，誠如貝達萊斯所言，在寄宿學校，男女共學是可能的，對於男孩子方面，也許還可收文雅之效。我是十分認同兩性間本來的差別，不過女孩子總不會如男孩子那樣聽從用身體上嚴厲的苛刻去懲罰其乖癖。有這樣的兒子，假設他的才智、道德和感覺俱超乎常人；假設他沒有政治上的守舊性，和宗教上的正統觀念，現時實少此種寄宿學校，能夠使我貿然地把他送進去；即現時的公立學校，對於此種兒童亦屬不宜。

以上對於寄宿學校正反兩面之觀察，只有兩點至關重要且不可抹煞者，而且這兩點，都是在相反的方面。在這一方面，就是鄉村、空氣與時間上的利益；在另一方面，就是家庭的愛，以及從家庭責任所獲得的知識。住在鄉村的父母們，其同意於寄宿學校的論點，自是不同，質言之，就是他們鄰近得不到眞正良好的日間學校。從這些相反的觀察看起來，我認爲不能得到一個結論：那就是強壯、雄健的兒童，不十分看重健康因素，那麼，贊同寄宿學校的論點便歸失敗。過於專注於兒童的父母，則贊同日間學校的論點，又歸失敗。因爲有了假期的時間，可以維持家庭愛的滋長，學期上課期間，則正足以防止其過度的發展。至於有特殊能力且易受刺激的兒童，則以不進寄宿學校爲宜；如果在極端的情形，則以完全不進學校爲宜。善良的學校，自勝於惡劣的家庭；但善良的家庭，則又勝於惡劣的學校。假設兩者兼備的時候，則每種情形，宜就其優點而決定之。

從富裕父母的觀點來看，個人的選擇自屬可能；如果站在社會的觀點上，把它作政治上的觀察，便又衍生其他注意之處了。在一方面，爲寄宿學校的費用，在另一方面，則爲居住簡便的問題；假設兒童離開了家庭，除卻幾種罕見的情形，我絕對主張，學校教育每人都應該接受到將近十八歲的時候；至於整個的職業教育，只宜從十八歲以後開始。對於吾人現時的論題，雖然雙方俱有需要，將來決定這個問題的，還是經濟上的觀察；如許多勞動者的子女，願入日間學校，就是這種情形。此項決定，雖然離開了教育的立場，但因爲沒有明顯的理由來判斷此項決定是否錯誤，吾人還是可以相信的。

第十八章　大學

關於品性教育和知識教育，我們在前幾章已經討論過。在良好的社會制度之下，應使此種教育，普及全體，事實上，除開特別重要的理由，如音樂的天才之類，任何人一定是樂於享受的。假設勉強莫札特（Mozort）將普通學校的科目，一定要學習到十八歲，便會是不幸的。即使在一個理想的社會，我認爲總有許多的人，是不能夠進大學的。能夠延長學校教育至二十一或二十二歲，能享受此種利益者，我相信只有一小部分的人。自然，一般閒散的富人，出入那些有名的大學，這是很常有的，他們除了染上一些放蕩的習慣，一點利益也沒有得著。所以我們應該要考究一下，照什麼原則來選擇那些應該進入大學的人們。現在進大學的人們，大部分是他們的父母有能力供給他們，雖然這種原則漸爲獎學金制所改變。選擇的原則，應該是教育的，不應該是經濟的，這是顯然的道理。一個十八歲的男孩或女孩，已經受過良好的教育，自可以做有益的工作。假設還叫他們多受三、四年的教育，社會上自有理由相信這三、四年的時間，是有利益的運用。不過，在決定哪種人應受大學教育之前，對於大學教育在社會生活上之功用，我們須得要觀察。

英國的大學教育，經過了三個時期，雖然第二個時期，尚未完全被第三個時期所代替。其起初，大學爲教士的專門訓練所，在中古時代，他們的學識，差不多完全受了限制。其次，則爲文藝復興時代，思想上有了進步，以爲凡屬富裕的人，都應該受教育，雖然認爲女子教育，可以比男子次一點。至於「紳士教育」，則自十七、十八和十九世紀以來，一般大學都是授予此種教育，現時的牛津大學，依然如此。據第一章上面吾人所考究的理由，此種理想，在過去是很好的，現在已經失效；它是附麗於貴族政治的，不能滋長於平民主義之下，抑或實業的富豪政治之下。如果還是貴族政治的時代，亦應由受過教育的上等人組織之；不過最好還是不要貴族政治，現在也用不著來爭論這個問題，因爲在英國已爲選舉《一八三二年改革法案》（*Reform Bill*），和廢止《穀物法》（*Corn laws*）所決定；在美國則已爲獨立戰爭所決定。雖然現在的英國，尚有貴族政治的形式，不過精神上已屬於富豪政治，此種富豪政治是完全不同的一回事。勢利性，使得一般成功的商人，都把他們的兒子送進牛津，去造就「紳士」，可是其結果，倒使彼等對於商務產生厭棄，使其子女復陷入貧困，而須自行謀生。所以「紳士教育」，不是現在國家生活上重要的一部分，爲顧全將來自可不予注意。

一般大學，又回復到很類似中古時代那種大學的地位，變爲職業訓練的學校。律師、教士與醫生們，通常都受過大學教育，從事第一流文職的人們，也是如此。各種事業上，工程師與工業人才的增加，盡屬大學人員。因爲世界愈形複雜，實業愈趨科學，便需要更多的專業人才，這些專業人才，大都由大學供給。一般過去的人們，深憂工業學校侵入純粹學識的領域，但其進行仍不稍懈，因爲這是富豪階級所需要的，他們自不注意「文化」。彼等之爲純粹學術之敵人，尤甚於背叛平民主義。此種「無用的」學識，如「爲藝術而藝術」之類，是貴族政治的理想，非富豪政治的理想；其所以留下來，乃是因爲文藝復興的遺傳性，尚未泯滅。純粹的學術，爲有關於貴族政治的一種絕好的東西；此種思想的崩潰，深屬惋惜。不過貴族政治的壞處很大，難以粉飾。姑無論吾人希冀與否，在任何情形之下，工業主義定可以破壞貴族政治。所以吾人可以決意從新而有力的方針，就可能的方面去挽救；若只堅守習慣，總會失敗的。

如果把純粹的學識，作爲大學教育一種永遠的目標，應令其與全體的社會生活產生聯結，不單作少數有閒階級的紳士一種優雅的娛樂。那種不顧私利的學識，我認爲是很重要的，希望它的地位，在高等學院的生活上，日漸提高，而不趨於低落。在英美兩國，所以趨於低落的主要力量，乃是希望從一般無識的富豪得到補助金。挽救之方，端在造成教育的小民主義，願意拿公家的金錢，消費於那種爲一般實業家所不易賞識的事業。此並非不可能的事情，不過須得提高一般人的知識水準。一般有學識的人們，總是以相互扶助作爲彼等生活上自然的源泉，如果他們能夠解放此種依附闊人的態度，那就更加容易了。所以攻擊一般學者的學識，自非無理。以一個純粹想像的例子言，某學者不講有機化學，而教授釀酒術，可以增進其經濟上的地位；在彼爲有利，不過學識上便受屈了。假設某學者，對於學識，是眞正的愛好，在政治上，他定不會贊同有人助成釀酒教授的地位。假設他是贊成平民主義的，那麼，在平民主義之下，更容易看出他的學識價值了。因此之故，總希望一切學術團體，求助於公家的金錢，不要依靠富人的恩惠。此種毛病，美國更較英國爲大，不過有了這種毛病，便會增加上去。

除開這些政治上的理由，我認爲大學的存在，有兩種目的：一是，對於男子和女子，作某種職業的訓練；二是，不計目前的功用而研究學問。所以在大學裡，吾人希望知道，某些人可以從事這種職業的練習，某些人有特殊的能力，則以致力於研究學問為有益。但是如何去選擇男女們的職業，不能從職業的本身去決定。

欲學習一種職業，如法律或醫學之類，除非他的父母有相當的資產，不然是很困難的，因為這種訓練，所費不貲，而且又不能馬上得到利益。其結果便是這樣，選擇的原則，成為社交的與世襲的，而非對於職業的適合。拿醫學來釋例吧，一個社會，希望醫藥有效驗，便應選擇那些表現最敏銳而適於此項職業的人們，去從事醫學的訓練。這個原則，現在只是片面的適用，總是在那些能擔負此種訓練的人們當中去選擇；可是有許多貧莫能舉的人，確能造就優良的醫生，這是常有的事情，但這樣的辦法，可惜虛耗了天才。讓我再舉一個不同的例子，英國是一個人口相當稠密的國家，大部分的糧食，要靠進口。就許多的觀點來講，尤其就戰時的安全來講，假設我們大部分的糧食，都是產於本國，實在是一種恩惠。可是從沒有什麼規劃，把這有限的土地儘量地培植。農夫的選擇，多半由於世襲：照例他們都是農夫的兒子。其他的一部分，則為購置田地的人們，乃是考量田地的資本價值，並非一定有什麼農事上的智能。丹麥人（Danish）的農業方法，比我們有效率的多，這是大家所知道的，可是從沒有採取一種步驟，使我們的農人明白這些方法。凡無論何人，欲耕種一塊比較大的地方，吾人須堅持要一張習過科學的農業文憑，也好比對於汽車駕駛，堅持要執照一般。世襲的原則，在政體上已經廢止了，不過在許多生活方面，還是存留著。無論它存留在什麼地方，便要減少其效力；在過去的公共事業，便是如此。我們務須採用兩項相關聯的規則來代替它：第一，凡無必需之智能者，不許擔任重要的職務；第二，此項智能，應授予那些最能幹而祈望智能的人們，且應完全獨立於彼等父母資產之外。此兩項規則，足以增高其效率，這是顯然的。

所以大學教育，常視爲特殊能力者之專利，具有此項智能的人們，若無金錢，在彼等學習的當中，應以公費維持之。除非通過了智能的試驗，定不讓他進來；除非當局者認爲他眞是用他的時間，作有益的研討，否則也不讓他逗留。把大學看作一種休閒的地方，供一般有錢的青年，在那裡遊蕩三、四年，這種思想要崩壞了。

就讀於大學的男女們，萬不要聽其偷懶，就是功課的試驗，也不要像制度般機械性地一致。在我國一般新立的大學，有一種可悲的趨勢，就是堅持要聽那許多的講演。主張個人作業的，如蒙特梭利學校（Montessori school）幼兒的情形，其論點頗爲強硬，對於二十歲的青年更強硬許多；要是學生能如我們所說的，銳敏而且特別能幹，尤其更要強硬。當我大學肄業的時候，覺得講演是枉費時光，我許多朋友也有同感。吾人雖不免誇大其詞，但亦並非言之過甚。辦理講演的眞正理由，就是以爲它是大學的正式的功課，所以商人們也樂意爲之破費。假設大學裡的教師們，採用最好的方法，商人們定以爲彼等偷懶，而斷絕其維持。牛津（Oxford）與劍橋（Cambridge），因爲它們的名譽，採用正常的方法，較爲容易；不過一般新立的大學，便不易於抵抗這些商人，美國的許多大學，也是同樣的情形。

在每個學期的開始，教師宜開給學生必讀的書目，那些非必讀的書，而爲一部分人所喜好的，也要約略地說明。還要擬定一些試題，這些試題，若沒特別留心書本上的要點，便不能解答。當學生書寫他們的試卷的時候，應當作個別的觀察。大概一個星期或兩個星期便應這樣視察一番，以示晚間的注意；對於各項事件，多少與彼等功課有關係的，可以進行不規則的談話。此項辦法，與那些舊的大學裡面的實習，初無多大區別。假設學生不願意做教師所指定的題目，要是所做的還是難易相等，應讓他們自由去做。學生們的勤奮，可以在他們的試卷上看得出來。

還有一點頗爲重要。凡大學教師，應自身從事研究，須有充分的時間，俾了解該項科目在世界各國發展的情形如何。至於大學之施教，教授法的精熟已不復重要；所重要的，乃是對於該項科目的學識與造詣的精深。關於此點，自非教授上工作過度與精神枯竭的人所能負擔，這些人對於自身所授科目似乎發生厭棄，而且他的學識表現也差不多只限於少年時代所學習的。凡大學教師，應有一年帶薪休假（A sabbatical year，每七年一次），俾致力於國外各大學，或從事追求國外所已有的學識。此項辦法，在美國本屬通行，不過歐洲各國，因於智力上的過於自驕，致不承認其需要；關於此點，彼等殊屬錯誤。比如那些在劍橋教授我數學的先生們，對於二、三十年前歐洲大陸的數學，差不多一點也不談及；在我整個的肄業期內，從未有聽過魏爾施特拉斯（Weierstrass）的名字。我與近代數學的接觸，全由於以後的遊歷。這樣的情形，並非特殊或例外。有許多大學在許多時期，都可以舉出這樣同類的事情。

在一般大學之間，還有一種相反的情形，就是有些人極注重教學，有些人極注重研究，這差不多完全由於教授上錯誤的觀念。假使許多學生勤奮上和能力上所表現的都在水準之下，便要求作爲延長修業年限的條件。舊式教師的思想，對於大學總有一點堅持，所切望的，就是對於學生要有良好的道德效果；所希冀的，則爲使彼等浸濡於舊式而無價值的訓誨之間，此種訓誨，大都明白是虛僞的，不過總以爲可以提高其道德。對於學生，不要勸告他們去工作；可是，如果知道他們之所以枉費時光，因由於偷懶或是缺乏能力，則不宜聽其繼續下去。唯一的道德，能善自養成者，就是工作；其餘則屬於少年時代。欲獲得工作的道德，應將缺乏此項道德的人們送往學習，因爲在實務學習，自然要好一些。至於教師，不宜望其教授長時間的工作，應有充分的餘暇，去從事研究；不過總希望他善於利用餘暇。

當吾人考察大學對於人類生活上的功用，則研究之重要，至少與教育同等。新知識是社會進步的主要原因，缺少此種知識，世界就要立趨靜止。目前所有此種廣播有用的知識，尚足以維持其進步於一時，不過此種進步，本身自不能持久。倘學識之追求，一以功利爲目的，亦不足以自相維繫。關於功利主義的學識，應以不慕勢利的研究培養之；這種研究，除希望了解宇宙以外，別無其他的動機。一切重要的進步，在起初俱係純粹的理論，到了後來，才見到它們的實用。某項漂亮的理論，即使沒有什麼實際的效用，理論的本身，還是有它的價值，因爲有助於了解宇宙，就是一種最後的利益。假設科學與組織，能夠對於滿足身體的需要和廢止殘忍的戰爭，得到了成功，那麼學識與美的追求，還能夠訓練吾人熱心創造的嗜好。我不希望那些詩人、畫家、作家或數學家，對於自身在實際宇宙間的活動，專注於某種不切實際的效果；應致力於理想的追求，而探索一時所視爲暗昧的事物，俾其永遠存在。對於前述理想，能如此熱烈地愛慕，則對於現世的興趣，便比較會趨於冷落。一切重要的藝術，和重要的科學，都是由於想實現起初那種理想的熱望所產生，那種理想，好比花枝招展的麗人，引誘著人們從安逸的地方到繁華的紛擾。凡具有此種熱情的人們，千萬不要爲功利主義的哲理枷鎖所桎梏了，我們所有一切足以使人們偉大的東西，都是源自於那些人的熱情之賜。

結論

教育家必須具有由愛所支配的知識，學生更應獲得由愛所支配的知識；而又以在低學年對於學生所施的愛爲最重要，到高學年時期，對於所灌輸的知識之愛，須漸漸的增加。最初重要的知識，是生理方面、衛生方面以及心理方面的知識，而又以最後一項與教師的關係最爲重大，兒童先天具有的本能和反射作用，往往因環境而發達，造成相反的習慣，並且因此造成非常奇異的品性；這種事實的發生，大都萌芽於嬰兒時代，也就是我們所能養成的、最希望、最企圖涵養品性的時期。那些習慣於邪惡的人們，大都是呆板的確認著人性是不能轉變的歪理；如果他們的意思是說人性在六歲後沒有變更的可能，那或許還含有一部分的眞理的意味；如果他們的意思是認定幼兒先天所具有的本能和反射作用，無論如何都無法轉變，也還有一些根據；可是如果他們的意思是像他們一向所堅持的「絕沒有方法可以培養和現存人類行爲有根本差異的人」，那他們便是公然的在撲滅一切近代的心理學。例如：有兩個嬰兒，在誕生時具有同樣的品性，如果放在異樣的初期環境中，那一定會使他們變成個性全然不同的成人。訓練種種本能，而將這些本能鑄成一種調和的品性，這完全是建設的，不是破壞的；是感情的，而不是險惡的。毅勇、坦白、聰慧，實在是早期教育唯一的責任。

這些，對於大多數的兒童都可以行使，而這在兒童們受正常待遇的場所裡，都正在奮進實施。如果應用現有的知識，實施試驗的方法，努力一個世代（Generation），我們敢自信：一定能產生出和邪惡、愚鈍、疾病全絕緣的一種人類。如果我們沒有這樣做，那自然是由於我們反抗壓迫和戰爭的力量沒有達到實現的境界。

關於本能訓練尚未成熟的材料，有許多可以引導到我們所需要的或不需要的行動上。在過去，人類沒有懂得本能的訓練，所以只是訴於壓抑的手段。懲罰與恐怖，便成爲所謂美德的大動機。我們現在知道壓抑不是妥善的方法，第一，因爲它不能幫助教育眞正成功；第二，因爲它會使精神發生混亂，而本能的訓練卻是和它全不相同的方法，包含著全不相同的技術。習慣和熟練，彷彿是一條爲本能而建設的水道；按照水道的方向，可以引導本能流到這面或流到那面。由於創造正確的習慣和正確的熟練，我們可以使兒童的本能自行引發所需要的行動。這裡絕不感到一絲勉強，因爲這裡無須有抵抗誘惑的必要。這裡絕沒有什麼挫折，因爲兒童們都具有不羈的自愛性。我的意思並不是說這種種敘述都是絕對的，因爲有時例外事件不能預料，舊方法或許有使用的必要。但兒童心理學愈完整，我們在育兒學校中所獲得的經驗愈多，那麼新方法的施用便愈是完全，我想把兒童心理令人驚奇的研究結果宣告給讀者，試想健康、自由、幸福、親愛、聰慧，都是很普通的事，如果我們有這些需要並且爲了需要去努力，在一個世代內我們必能鋪造一條光明的路獻給人類。

然而無論其中的哪一項，要是沒有愛，總是不能成功的。知識是存在著，但因缺乏愛，就阻止了它的應用。有時候，缺乏對兒童的愛，把成功的事實逼迫得近於絕望；例如，當我發現著名的道德指導者，不願意找出方法以防止性病兒童的產生，我便非常灰心。

國家主義（Nationalism）又是另一種乾涸人道的源泉。當大戰中，我們幾乎使全體德國兒童受著到佝僂病（Rickets）引起的苦痛。但我們必須解放我們自然具有的同理心；如有一種教旨的主張兒童該蒙受種種不幸，縱令這種教旨對我們是如何的貴重，我們定當排斥。差不多在所有地方，殘酷的教旨之心理的源泉是恐怖；我之所以力主在幼年時代消除恐怖，便是這理由之一。讓我們來杜絕潛伏在我們自己心中黑暗的恐怖。近代教育所啟示的通往幸福世界的可能作法，是使某種個人的冒險變得有價值，即使這種冒險將比現存的危險要來得更嚴重。

我們既然培養出從恐懼禁制、叛逆、或障礙的本能中獲得解放的青年，那我們可以使他自由的走入知識的世界，而沒有絲毫的阻礙。如果訓練得法，那接受的人必定不感到這是一種責任而是愉快。增加自由職業階級的學習分量和加深至更深的程度，卻並不重要；重要的是在於冒險及自由的精神，窮極探源而不厭的感覺，向發現的新途徑出發的意識。倘若正式教育是以這種精神被授予的，那麼聰明的學生將以自己的努力加以補強，教師對於這種努力自當提供種種的機會。知識是從自然的勢力及破壞的熱情中解放人類；沒有知識，我們所希望的世界便無從建築。在沒有恐懼的自由中受教育的一個世代，和尚在意識的水準之下、而不得不和伺候著迷信的恐懼作戰的我們相比較，前者自然有更廣大的希望。不是我們，而是我們所將創造的自由男女，他們起初是熱望著、期待著，而最後終於能達到他們的目的——充滿著光輝而完全美麗的眞實世界。

方法是非常的清楚，但我們能夠爲了我們的兒童而採取這種方法嗎？或者將任由我們的兒童，將來和我們現在同樣的忍受痛苦呢？我們將任由他們在兒童時代受壓抑、妨礙、恐懼，以致不得不被他們智慧不足以防止戰爭殺戮嗎？過去的恐懼阻礙了我們走向幸福與自由的道路，可是愛終能戰勝恐懼。如果我們能夠愛我們的兒童，任何障礙物將一概不能阻止我們；用我們愛兒童的熱情，全力去追求我們權力內所應得的賞賜。

一九三三年四月二十日　上海

羅素年表

年代	年紀	生平記事
一八七二年	○歲	五月十八日，出生於英國南威爾斯，蒙茅斯郡特里萊赫的拉文斯克羅夫特。
一八七四年	二歲	母親安伯萊夫人以及姊姊瑞秋去世。
一八七六年	四歲	父親安伯萊爵士去世；祖父約翰．羅素勛爵（前首相）和祖母成功推翻羅素父親的遺囑，贏得羅素及哥哥法蘭克的監護權，接至彭布羅克山莊撫養，而不是讓他們接受自由派監護人撫養。
一八七八年	六歲	祖父去世；祖母羅素夫人監護撫養羅素和兄長法蘭克至成年。
一八八三年	十一歲	從兄長法蘭克學習歐幾里得幾何學。
一八九○年	十八歲	進入劍橋三一學院；遇見懷海德教授。
一八九三年	二十一歲	數學一級榮譽學士學位。
一八九四年	二十二歲	通過道德科學榮譽學位測驗（第二部分）；任職英國駐巴黎榮譽隨員；與艾莉絲．史密斯結婚（一八九四—一九二一）。
一八九五年	二十三歲	訪問德國，在柏林大學研究社會主義；倫敦政治經濟學院，講授「德國的社會民主制」；三一學院研究員。
一八九六年	二十四歲	倫敦經濟學院講師；訪美國，約翰霍普金斯大學及布林莫爾學院講學。

一八九八年	二十六歲	劍橋講授萊布尼茲哲學；與學弟、哲學家摩爾，共同掀起批判康德與黑格爾的運動。
一八九九年	二十七歲	劍橋大學三一學院講師。
一九〇〇年	二十八歲	與懷海德出席巴黎舉行的第一屆國際哲學大會，羅素自述：「這是我學術生涯最重要的年度、最重要的大事件」，遇見義大利數學家皮亞諾，從其著作《數學公式彙編》學到表達數學基本定理的符號語言與邏輯分析技巧；還遇到法國哲學家亨利．柏格森等人。
一九〇一年	二十九歲	發現羅素悖論。
一九〇二年	三十歲	開始與德國數理邏輯和分析哲學家弗雷格通信。
一九〇五年	三十三歲	發展描述詞理論，奠定邏輯原子論哲學基礎。
一九〇七年	三十五歲	參選國會議員，落選。
一九〇八年	三十六歲	英國皇家學會院士。
一九一〇年	三十八歲	由於無神論而未能獲得自由黨提名參選國會議員。
一九一一年	三十九歲	遇見維根斯坦；當選倫敦亞里斯多德學會會長；與艾莉絲分居。
一九一三年	四十一歲	巴黎社會科學高等學院講學；亞里斯多德學會，發表「數理邏輯在哲學的重要性」；三一學院「柏格森哲學講座」；社交名媛奧托琳．莫瑞爾夫人介紹，與波蘭小說家康拉德結識。

一九一四年	四十二歲	牛津大學「斯賓塞哲學講座」，講授「哲學中的科學方法」。哈佛大學「洛威爾講座」，講授邏輯學和知識論課程，講義集結出版《我們關於外在世界的知識》。七月，第一次世界大戰爆發，和平反對社會運動，撰寫系列反戰文章。
一九一五年	四十三歲	曼徹斯特哲學會，發表「物質的終極構成元素」。
一九一六年	四十四歲	因反戰著述，罰款一百英鎊；三一學院開除教席；拒發護照，無法赴美國哈佛講課。
一九一八年	四十六歲	倫敦發表邏輯原子論講座；五月，因反戰著述，入獄四個半月，獄中完成《數理哲學導論》。十一月，一次大戰結束。
一九二〇年	四十八歲	訪遊俄羅斯，會見列寧、高爾基、托洛茨基、加米涅夫等人。應邀訪遊中國，昔日學生傅銅陪同到各地講演並兼翻譯。
一九二一年	四十九歲	與第一任妻子艾莉絲離婚；與英國作家、女權主義和社會主義運動人士朵拉．布萊克結婚（一九二一—一九三五）；與朵拉訪遊中國和日本；中國北京大學講學；長子約翰出世。
一九二二年	五十歲	代表工黨參選國會議員，落選。
一九二三年	五十一歲	參選國會議員，落選；女兒凱蒂出世。
一九二四年	五十二歲	旅美演講，紐約蘭德社會科學學院，「如何獲得自由和快樂」。

一九二五年	五十三歲	劍橋三一學院，泰納科學哲學講座，「物的分析」。
一九二七年	五十五歲	與朵拉在英國開辦燈塔山實驗學校，赴美演講為辦學募款；赴美講學；巴特西區公所會堂演講「我為什麼不是基督徒」。
一九二九年	五十七歲	赴美講學；北京大學，成立羅素學說研究會。
一九三一年	五十九歲	赴美講學；兄長法蘭克去世，繼承爵位成為第三任羅素伯爵。
一九三五年	六十三歲	與第二任妻子朵拉離婚。
一九三六年	六十四歲	荷蘭阿姆斯特丹大學，「格雷伯爵紀念講座」，演講「宿命論與物理學」；與研究助理、師生戀對象派翠西亞・海倫・史彭斯結婚（一九三六－一九五二）。
一九三七年	六十五歲	次子康拉德出世。
一九三八年	六十六歲	牛津大學，講授「語言與事實」；美國定居六年，芝加哥哲學訪問教授，講授「語言與事實」。
一九三九年	六十七歲	加州大學洛杉磯分校，哲學教授。九月，二次大戰爆發。
一九四〇年	六十八歲	「羅素案件」，公衆抗議和法律判決：羅素「在道德上不適合在該學院任教」，紐約市立學院撤銷教授聘約；哈佛大學開設「威廉・詹姆斯講座」，講義集結出版《意義與真理探究》。

一九四一年	六十九歲	美國賓州巴恩斯基金會，「西方哲學史講座」；美國CBS哥倫比亞廣播公司電臺，「哲學史講座」：黑格爾歷史哲學。
一九四二年	七十歲	美國CBS哥倫比亞廣播公司電臺，「哲學史講座」：笛卡兒方法論、斯賓諾莎倫理學。
一九四三年	七十一歲	巴恩斯基金會解聘，贏得對該基金會非法解僱的訴訟；紐約蘭德社會科學學院，「民主的問題講座」。
一九四四年	七十二歲	普林斯頓大學，結識愛因斯坦；再次榮膺三一學院院士。
一九四五年	七十三歲	出版《西方哲學史》。九月，二次大戰結束。
一九四八年	七十六歲	銜英國政府之命，赴挪威遊說加入NATO共同對抗蘇聯，飛機失事，海上遇難獲救，當地大學宣講以原子武器威脅蘇聯以防止戰爭；英國BBC廣播公司，「里斯講座」：權威與個人。
一九四九年	七十七歲	英王喬治六世頒發英國最高「榮譽勛章」；三一學院終身院士；英國皇家學會榮譽院士；西敏公學，「原子能與歐洲問題」。
一九五〇年	七十八歲	榮獲諾貝爾文學獎；普林斯頓大學，斯賓塞特拉斯克基金會講座：心靈與物質；哥倫比亞大學，馬奇特基金會講座：科學對社會的影響；澳洲國際事務研究院，「戴森講座」：亞洲的騷動、世界政府的障礙、原子時代的生活。

一九五一年	七十九歲	普渡大學，馬奇特基金會講座：思維的物理條件（心靈與物質）；英國BBC廣播公司：美國對歐洲政治與文化的影響、科學方法的本質與來源、懷疑主義與容忍。
一九五二年	八十歲	與派翠西亞離婚，與美國傳記作家伊迪絲・芬奇結婚（一九五二—一九七〇）。
一九五四年	八十二歲	倫敦國際筆會英國中心，赫蒙・奧爾德紀念講座：歷史，也是一門藝術；英國BBC廣播電臺，人類的險境（人類的氫彈危機）。
一九五五年	八十三歲	《羅素—愛因斯坦宣言》；英國國家學術院，漢莉埃塔・赫茲信託大師講座：約翰・史都華・彌爾；赫爾辛基世界和平大會，書面講稿：邁向和平的步驟。
一九五六年	八十四歲	我為什麼不是共產主義信徒，收錄於《我為什麼反對共產主義：論壇文選》。
一九五七年	八十五歲	帕格沃什科學和世界事務會議第一屆主席。
一九五八年	八十六歲	聯合國教科文組織，卡林加科學普及獎：科學在教育的角色；核裁軍運動組織的創始主席。
一九六一年	八十九歲	倫敦，反核抗議活動被捕，入獄七天。
一九六三年	九十一歲	成立伯特蘭・羅素和平基金會（英國諾丁漢）。

一九六六年	九十四歲	出版《發生在越南的戰爭罪行》；成立國際戰爭罪犯法庭（又稱羅素—沙特法庭、斯德哥爾摩法庭）。
一九七〇年	九十七歲	二月二日，逝世於威爾斯，格溫內斯郡的潘蘭迪爵斯小鎮，享年九十七歲。

索引

一畫

《一八三二年改革法案》（*Reform Bill*） 185

四畫

丹麥人（Danish） 187
反應（reflex） 50
巴拉德博士（Dr. Ballard） 96, 152
心理動力學（Psychological Dynamics） 114
牛津（Oxford） 188
牛頓（Newton） 34

五畫

世代（Generation） 194
《仙童家族》（*The Fairchild Family*） 18
以利沙（Elisha） 123
以撒（Isaac） 123
卡西烏斯（Cassius） 165
史坦利（Dean Stanley） 19
史蒂芬王（King Stephen） 162
尼采（Nietzsche） 26
布特爾（Bootle） 42
布特爾市參事會（Bootle Borough Council） 42
布魯圖斯（Brutus） 26
本能（instincts） 50
《本能與無意識》（*Instinct and the Unconscious*） 66
田納西州（Tennssee） 43

六畫

伊頓公學（Eton College） 30
伏爾泰（Voltaire） 29
同情心（sympathy） 39

回歸自然（Return to Nature） 85
安息年（A sabbatical year） 189
有閒階級論（The Theory of the Leisure Class） 10
米切爾博士（Dr. Chalmers Mitchell） 59
自我（self） 37
伽利略（Galileo） 37
但丁（Dante） 14
佛洛伊德派（Freudians） 59
佝僂病（Rickets） 195
《每日新聞》（*The Daily Herald*） 42
貝達萊斯學校（Bedales School） 177

七畫

里弗斯博士（Dr. Rivers） 66
亞伯拉罕（Abraham） 123
亞歷山大（Alexander） 162
《兒童：他的天性和他的需要》（*The Child: His Nature and His Needs*） 16
《兒童早期的心理學》（*Psychology of Early Childhood*） 60
兒童基金會（The Children's Foundation） 16

八畫

《孤雛淚》（*Oliver Twist*） 122
房龍（Van Loon） 162
波耳戰爭（Boer war） 179
阿基米德（Archimedes） 151
阿賓頓（Abingdon） 162
《阿諾德博士傳》（*Dr. Arnold*） 19

九畫

保育學校（Nursery School） 9
勇氣（courage） 33

契訶夫（Chekhov） 18
威廉・斯登（William Stern） 60
威爾斯（H. G. Wells） 162
客體（object） 53
柯摩湖（The Lake of Como） 20
洛克（Locke） 8
活動（activity） 11
活力（vitality） 33
耐勞（boredom） 153
耶穌會教士（Jesuits） 26
范伯倫（Veblen） 10
虐待狂（sadism） 21

十畫

格羅士（Groos） 60
烏托邦（Utopia） 84
效益（efficiency） 16
訓育（discipline） 17
馬丁・路德和喀爾文（Luther and Calvin） 173
馬克米蘭（Miss Margaret McMillan） 136
馬修・培理（Matthew C. Perry） 28
高級師範學校（The École Normale Supérieure） 179

十一畫

假裝（pretense） 72
《動物的幼年時期》（*The Childhood of Animals*） 59
國家主義（Nationalism） 195
康德（Kant） 26
敘拉古（Syracuse） 151
現代人文學（Modern Humanities） 170
荷馬（Homer） 26

莎士比亞（Shakespeare） 13
莫札特（Mozort） 184
通達者（Magnanimous man） 26
雪萊（Shelley） 33

十二畫

智慧（intelligence） 33
普羅米修斯（Prometheus） 163
《湯姆求學記》（*Tom Brown's school Days*） 19
無秩序的想像（disordered imagination） 74
菲利普・西德尼（Philip Sydney） 13
萊布尼茲（Leibniz） 34
雅各賓主義（Jacobinism） 20
塞繆爾・巴特勒（Samuel Buter） 22
奧斯特里茨（Austerlitz） 124

十三畫

意志（will） 23
《愛彌兒》（*Émile, ou De l'éducation*） 22
感受性（sensitiveness） 33
《經驗法則》（*Rules of Thumb*） 140
群性（herd instinct） 43
葛蘭黛夫人（Grandy） 45

十四畫

雷利（Raleigh） 13
歌德（Goethe） 27
瑪蒂爾達女王（Queen Matilda） 162
福祿貝爾（Froebel） 137
端莊（reverence） 134
精確（exactness） 153
維吉爾和西塞羅（Vergil and Cicero） 83

《維多利亞時代的偉人》（*Eminent Victorians*） 20
蒙特梭利（Montessori） 137
蒙特梭利夫人（Madame Montessori） 9
蒙特梭利學校（Montessori school） 188

十五畫

德普特福德（Deptford） 141
歐幾里得（Euclid） 80
《穀物法》（*Corn laws*） 185
魯賓遜（Robinson） 84
《學校的變遷》（*The Changing School*） 96

十七畫

盧梭（Rousseau） 8
彌爾（John Stuart Mill） 110
戴頓（Dayton） 43
謙遜（humility） 37
《藍鬍子》（*Bluebeard*） 73

十八畫

魏爾施特拉斯（Weierstrass） 189

十九畫

羅馬人（Romans） 151

經典名著文庫 182

兒童教育原理

作　　者 —— 伯特蘭・羅素（Bertrand Russell）
譯　　者 —— 謝曼、周意彪
發 行 人 —— 楊榮川
總 經 理 —— 楊士清
總 編 輯 —— 楊秀麗
文庫策劃 —— 楊榮川
副總編輯 —— 陳念祖
特約編輯 —— 張碧娟
責任編輯 —— 李敏華
封面設計 —— 姚孝慈
著者繪像 —— 莊河源
出 版 者 —— 五南圖書出版股份有限公司
地　　址 —— 台北市大安區 106 和平東路二段 339 號 4 樓
電　　話 —— 02-27055066（代表號）
傳　　眞 —— 02-27066100
劃撥帳號 —— 01068953
戶　　名 —— 五南圖書出版股份有限公司
網　　址 —— https://www.wunan.com.tw
電子郵件 —— wunan@wunan.com.tw
法律顧問 —— 林勝安律師事務所　林勝安律師
出版日期 —— 2022 年 9 月初版一刷
定　　價 —— 350 元

國家圖書館出版品預行編目資料

兒童教育原理 / 伯特蘭・羅素 (Bertrand Russell) 著；謝曼、周意彪譯 . -- 初版 -- 臺北市：五南圖書出版股份有限公司，2022.09
面；公分
譯自：On education : especially in early childhood
ISBN 978-626-343-064-8(平裝)

1.CST: 兒童教育

523　　111011022